名医が教える
人生100年時代の
新常識

硬い体が驚くほどやわらかくなるストレッチ

改訂版

原 幸夫 監修
いいだ整骨院・鍼灸院
いいだカイロプラクティック院長

日東書院

●はじめに

長年、腰痛、膝痛、肩関節痛などを訴えて来院される患者さんを診療していて、筋や関節の硬さが腰痛、肩こり、膝の痛みなどを引き起こす重要な原因のひとつだと考えるようになりました。特に痛みを訴えておられる患部よりそれ以外の部位の硬さが問題だと考えるようになったのです。

腰痛を繰り返す方の多くが大腿の筋や股関節が硬いのです。大腿の筋や股関節が硬く動きが悪ければ、必然的にそれらを腰の動きが補うようになります。つまり動きの悪い部分の代償動作（トリックモーション）が起こり、腰に常に負担がかかってしまうのです。そのため結局、腰にトラブルが起こることになります。

大腿の筋や股関節がほんの少しでも柔らかくなって動きがよくなれば腰の代償動作が減り、その結果、腰と股関節の動きのバランスが変わって腰への負担が軽減します。

そこで患者さんに大腿の筋肉のストレッチングや股関節柔軟法を指導させていただきました。しかし、ストレッチングを行うと痛みが増したり、再発してしまう方がなかにいたのです。それはストレッチングを強くやりすぎたからだと思っていましたが、実は違いました。

体の硬い人が今までのやり方で柔軟法を行うと硬いところを緩めようとしているのにもかかわらず、その場所へはうまく力が働きません。もともと柔らかい場所や、動きやすいところが動いてしまうのです。何度、注意深くやっても、同じです。
なぜなら、柔らかい場所と硬い場所を同時に動かせば柔らかいところが動いてしまうのが道理だからです。
ももの後ろの筋肉や股関節をほぐそうとしていたのに腰を無理に曲げてしまい、腰に負荷をかけてしまっていたのでした。
では、どうすれば腰に負担をかけないで柔軟ができるかを考えました。私は体が硬いので、よく問題点がわかります。これが本書「体が硬い人のためのストレッチング」の技法をつくったきっかけです。
でも、体の柔らかい方でもこの方法は役立ちます。
体の柔らかい方は柔らかいゆえに硬い部分、動きの悪いところのあることに気がついていない場合が多いのです。そして、体が柔らかいにもかかわらず動きがしっくりこない方、体の故障を起こしやすい方はどこか硬い部分、動きの悪い部分があります。
その場所の発見、改善にもこの技法はお役に立てると思います。
体の硬い部分がほぐれ、動きの質が変わると体全体のバランスが変わります。これが体の故障の予防となり、機能向上が図れるようになるのです。
本書では、いろいろなレッスンをわかりやすくご紹介しています。頑張らずにちょっと気がついたときや、お時間があるときにストレッチングをやってみてください。もちろん、体とコミュニケーションを取りながら。

いいだ整骨院・鍼灸院／いいだカイロプラクティック　原 幸夫

はじめに……2

第1章

ストレッチの必要性 9

第2章

ストレッチのルール 17

第3章 あなたの体の硬さをチェック 29

第4章 上半身のストレッチ 41

第5章 下肢のストレッチ 101

第1章

ストレッチの必要性

筋肉が硬くなるといろいろの問題が起こります。
筋肉が伸びにくくなりますから、
運動をするときに筋肉そのものに関連した
トラブル（肉離れ＝筋断裂・腱鞘炎・腱断裂など）が起こりやくなります。
体の動きが制限されますので
身体運動機能（敏捷性・安定性など）の
低下が起こります。
筋肉が硬いと収縮しづらいので
筋力も低下します。
そのために関節を保護する機能が落ちて
関節の負傷、障害も起こりやくなります。
筋肉内の血管が圧迫されるので
血液循環も悪くなります。
筋肉が硬いと胸やお腹が
ふくらまないために呼吸能力も低下します。
それゆえ体の回復力も低下します。
頭痛、腰痛、肩こり、ひえ、不眠、
内臓機能の不調なども起こりやくなります。
これらの予防、改善には、
ストレッチをして体の柔軟性を
取り戻すことが必要です。

筋肉が緊張し続けると血液の流れが悪くなります

「体の硬さ」が代謝の悪い体を作っている

硬さは筋肉が緊張することが原因！さまざまな問題を引き起こします

　私たちは何気なく毎日を過ごしていますが、実は知らず知らずのうちに筋肉に負担をかけてしまっています。その上、年を取るごとに体は徐々に硬くなります。しかし、少々体が硬くなったからといっても普段の生活に何ら困ることもありませんから、たとえ「硬い」ということに気づいたとしてもそのままにしてしまうことが多いようです。

　しかし、実は「体が硬い」と体のなかでさまざまな問題が引き起こされているのです。「体の硬さ」は、筋肉が緊張し続けることが原因。筋肉のなかにはたくさんの毛細血管が走っていて、筋肉が収縮(しゅうしゅく)、弛緩(しかん)を繰り返すことで、血液が流れていきます。そして、この血液の循環によって酸素や栄養が運ばれてきています。

　ところが筋肉が硬いとどうでしょうか。血管を圧迫してしまうので血液の流れが悪くなり、運び込まれる酸素の量も減ってしまいます。また、筋肉の間には体のなかの余分な水分や老廃物(ろうはいぶつ)を運ぶリンパ管があり、筋肉が収縮するポンプ作用でリンパが流れています。そのリンパ管が圧迫されると、体のなかに老廃物がたまりやすくなります。

「体を柔らかくすること」が健康アップのコツなのです！

こうして、筋肉内に老廃物がたまってしまうと自覚症状もあらわれてきます。血液によって新鮮な酸素や栄養も運ばれにくくなると、慢性的な疲労に陥（おちい）ったり、内臓などにも悪影響を及ぼすようになります。さらに神経細胞や自律神経も圧迫されてしまうので、手足の冷えや精神的に不安定な気分を引き起こすのです。

「体が硬い」と…

- 腰痛、肩こり、頭痛が慢性になりやすい
- 慢性疲労の原因になる
- ケガをしやすい
- 膝を痛めやすい
- 肌が衰（おとろ）えるため、老（ふ）けて見られる

また、ちょっとした動きでもバランスを崩しやすく、ケガにつながる場合も少なくありません。ですから、たかが「体の硬さ」などと軽く考えてはいけないのです。「体の硬さ」を長い期間放っておくと、腰痛、肩こり、頭痛、生理痛、自律神経失調症など、さまざまな不調が起きてきます。また、年齢を重ねると、代謝（たいしゃ）の悪い、確実に太りやすい体になってしまいます。

ですから、体を柔らかくすることは健康上、とても大切なことなのです。

疲労回復、老化予防、障害予防など いいことづくし

体を柔らかくすると どんな効果がある?

正しいストレッチングは、無理をしないこと リラックスした状態で気持ちよく行うこと

健康のために体を動かさなければと思っていても、日々を忙しく過ごしているとなかなか実行に移せない方も多いと思います。

また、「体を柔らかくすること」=「ストレッチング」とイメージすると、痛い、つらいと思ってしまう方もいるかもしれません。

しかし、それは正しいやり方ではなかったからです。正しいやり方でストレッチングを行えば、無理なく気持ちよくなります。

ストレッチングを行うと、筋肉がほぐれ、血流やリンパの流れがよくなるため、スポーツを始めなくても、体を柔らかくすることは可能です。お風呂上がりはもちろんのこと、仕事や勉強の合間に軽くストレッチングを行うと、かなりのリフレッシュ効果がありますし、新陳代謝(しんちんたいしゃ)も上がります。

体が柔らかくなれば、体の稼動範囲が広がるため、ケガもしにくくなりますし、日常のちょっとした動作も楽になります。

まず、ATMストレッチ・ATM柔軟法の説明に入る前に筋ストレッチや関節柔軟の効果がどんなものかを知っておきましょう。

筋ストレッチ・関節柔軟の効果 13

1 筋・腱・靭帯などの障害を予防する。

2 筋肉の緊張を和らげる。

3 関節、筋がスムーズに動くようになる。

4 関節の動く範囲を大きくする。

5 運動神経 — 筋の働きがスムーズになり、激しい運動や、速い運動にも体が反応できる。

6 筋 — 知覚神経の働きがスムーズになるので、体性感覚が向上し、運動能力、バランス能力などが向上する。

7 筋 — 知覚神経 — 中枢神経の緊張を和らげ、これらのストレスを除く。

8 血液循環がよくなる。

9 リラクセーションにより心身のリラックス感をもたらし、ストレスを除く。

10 ストレッチングで筋力がアップするとの研究もある。(ごく最近のラットの研究でストレッチングには筋肥大および筋萎縮を抑制する可能性があることが示唆された)

11 筋緊張が取れると内臓の調子がよくなる。(体壁内臓反射)

12 トリガーポイントの解除により、血流がよくなる。痛みが取れる。

13 筋が緩み、正常の太さに戻る。筋緊張で太くなっている腕、首、足、腰が細くなる。

硬いところがほぐれると体全体のバランスが変わります

「体が硬い人」には専用ストレッチを

体の硬い人が効果的なストレッチングを行うにはどうしたらいいのでしょうか？

私は体が硬いのです。

座位での開脚前屈ではおでこが床につきませんし（開脚といっても100度程度しか足は開きませんが）、立位体前屈も床に指先がやっと届く程度です。ヤンキー座りではかかとが上がるほどです。その硬い私が立位体前屈で指先を床につけようとすれば膝を曲げてごまかします。

しかし、これがヒントになりました。

今までのストレッチングの方法は伸ばしたい筋肉を最大に伸ばしておいた状態からより伸ばそうとします。

立位体前屈での大腿後ろ側の筋肉（ハムストリングなど）のストレッチングを見てみましょう。大腿の裏の筋肉が柔らかい方は、立位体前屈で骨盤が前に倒れると腰は全く曲がりません。股関節で体は2つに折れ、ももの後ろの筋肉（ハムストリング）を効果的に伸ばせますし、腰に負担はかかりません。しかし、大腿の裏側の筋肉が硬いと腰が曲がってしまいますのでハムストリングには力がかかりにくく、腰に負担がかかってしまいます。

では、体の硬い人が効果的にストレッチングするにはどうしたらいいのでしょうか。答えは簡単です。膝を曲げればいいのです。もも裏の筋肉を緩め、体を前屈した後で膝を伸ばせばいいのです。

体の硬い人だけではなく柔らかい人にも効果あり

今までのストレッチングでは膝を伸ばして固定してから体を前屈しました。するとハムストリングが硬い人は股関節を曲げずに腰を曲げる代償動作（トリックモーション）を起こしました。新しいストレッチングの方法では膝と股関節はあらかじめ曲げておいて、腰を動かないように固定し、尻を持ち上げ膝関節を伸ばしていきます。これはストレッチングしようとする筋肉に適切に伸ばす力が働くように、目的以外の筋肉に伸ばす力が及ばないようにするのです。言葉を換えていえば、代償動作を起こす側の関節をあらかじめ動かないように固定しておいて、代償動作を起こしにくい側の関節を動かしてストレッチングする方法です。これが「体の硬い人のストレッチング」の原則の発見でした。

この方法は体の硬い人が効果的に行えるストレッチングで、体の故障があって一般のストレッチングを行えない方でも行うことができます。

この原則を踏まえ、自分の体で試したり、患者さんを指導させていただくなかで種々の方法を生み出してきました。

そして、このストレッチングは代償動作を防いで行うストレッチングという意味でAnti Trick Motion Stretching（略称：ＡＴＭストレッチ）、Anti Trick Motion Flexible Method（略称：ＡＴＭ柔軟法）と名づけました。こんな英語があるか知りませんが私の造語です。適切かどうかは不明です。

体育指導者の方々、運動愛好者の方々にぜひ知っていただきたいと思います。高齢者の方々の介護予防にも安全に行える方法です。また、体の柔らかい方でもこの方法は役立ちます。体の柔らかい方は柔らかいゆえに硬い部分、動きの悪いところのあることに気がついていない場合が多いのです。

バレリーナやアスリートではない私たちが理想的な柔らかさを手に入れる必要はないと私は考えています。ちょっと硬いところがほぐれ、動きの質が変わると体全体のバランスが変わり、体の故障の予防になり、機能向上が図れます。頑張らずにちょっと気がついたときにやってみてください。

column

なぜストレッチが必要なのでしょうか？

私たちは日々、動き、生活していますが、デスクワーク、接客、家事・子育てなど長時間、無理な姿勢を取っていることが多いようです。そのため、筋肉が硬直し、血流が滞（とどこお）り、体が硬くなってしまうのです。実は筋肉は本来は力を抜いた状態では柔らかく、力を入れた状態では硬いのが正常な状態。力を抜いているのに硬く感じるなら、それは正常ではありません。老廃物（ろうはいぶつ）や疲労物質が体内にたまると、こりや疲れが生じます。正しく使われるべき筋肉が使われないと代謝（たいしゃ）の悪い体になってしまうのです。

ストレッチングは、硬く縮んでしまった筋肉を伸ばし、本来の筋肉に戻していくものです。伸ばすことで筋肉が柔らかくなると、血流がよくなり、その結果、老廃物や疲労物質を体外へ押し流すようになります。ですから、ストレッチングを行うことでケガ・障害の予防、スポーツ後の疲労回復、筋肉痛の予防、パフォーマンスのアップ（競技能力の向上）だけでなく、肩こり、頭痛、腰痛予防･回復、運動不足解消、脂肪燃焼促進、運動能力向上、冷え性･むくみの改善、心身リラックスなどの効果が期待されるようになるのです。

第2章

ストレッチのルール

間違ったストレッチングをすると
逆に筋肉を痛めてしまったり、ケガにつながる恐れもあります。
気持ちよくストレッチングを行い、
効率よい柔軟性アップのためにも、
ストレッチのルールを守りましょう。
楽しみながら、
無理がない程度に行うことで
柔軟性をアップさせることが
できるようになります。

自分の体と対話しながら症状を改善しましょう

ストレッチのルール

緊張している筋肉をゆっくりと時間をかけて伸びていく感じを味わいながらストレッチングを

ストレッチングの極意(ごくい)は伸ばすのではなく伸ばされるのです。ですから伸ばそうとする意識が強いといけません。また、痛いのを我慢(がまん)しながらやってはいけません。痛みが出るのは絶対ダメです。伸ばされる心地よさを味わってください。頑張って緊張を作ってきたのに、また頑張って伸ばそうとするとベクトルが同方向になってしまいます。緩(ゆる)めるのでなく緩まる、能動的でなく受動的に行いましょう。

体との対話を心がけ、体に感謝して、体にやさしく行いましょう。ストレッチングを念入りに行うと、自分の体のどの部分の筋肉が緊張しているのかよくわかります。

そして、体全体の力を抜いてゆったりとリラックスした気持ちで行いましょう。

ストレッチングの方法は数種類あります。そのなかで障害を一番起こしにくいと考えられていてストレッチの基本であるセルフストレッチ（人の介助(かいじょ)なしに自分で行う）のスタティック ストレッチ（静的ストレッチング）の原則を示します。ＡＴＭストレッチもこの方法を基にしています。その原則をまずは覚えておきましょう。

スタティック ストレッチ

ポイントその1

時間をかけないと筋は緩んでくれません

ストレッチする時間は10〜30秒ほど行いましょう

写真を見ればポーズはわかると思いますが、
強度や時間はわかりにくいものです。
まずは、心地よい強さで10秒くらいを目標に。
慣れてきたら、30 秒くらいをキープするようにしましょう。

スタティックストレッチ
ポイントその2

弾(はず)みをつけると筋は緊張してしまいます

ゆっくりと行いましょう

反動をつけると
限界以上に伸びてしまい、
筋肉は急に伸ばされたことを危険と判断し、
縮もうとしてしまいます。
ストレッチの効果が出ませんし、
筋や腱(けん)を痛めてしまうことになりかねません。
筋肉を静かにじわーっと
伸ばしていきましょう。

スタティック ストレッチ

ポイントその3

リラックスして行いましょう

基本的にストレッチングを行うときは、
息を吐きながら筋肉を伸ばし、
その状態を10～30秒ほどキープします。
ここで呼吸を止めてしまうと、
筋肉が緊張してしまい伸びにくくなります。
意識するためにも最初は、
声を出しながらでもいいので
呼吸を止めないようにしましょう。

スタティックストレッチ ポイントその4

心地よさがリラックスの極意(ごくい)です

気持ちよく伸ばしましょう

痛いだけ、つらいだけのものは何でも長続きしません。心地よい強さで行いましょう。筋肉を引っ張って無理に伸ばすのではなく伸びてもらう意識で行いましょう。ストレッチングは繰り返し行うとより高い効果が得られます。

スタティックストレッチ ポイントその5

「伸ばす」筋肉を意識しましょう

伸ばすところを確認しましょう

ストレッチングは
「どの筋肉を伸ばしているのか
意識する」ことが最大のポイントです。
写真を見ながら行う場合でも、
形にとらわれる必要はありません。
筋肉が伸びていることを
しっかり意識して行いましょう。

スタティック
ストレッチ

ポイントその 6

同じ筋肉を何回か繰り返してストレッチを行いましょう

ストレッチングをするときに、
筋肉を伸ばす方向や角度を
ほんの少し変えるだけで、
伸ばされる筋肉の部位も
変わります。
この微調整を行うと
より効果が上がります。

筋肉を伸ばす方向や角度を
ほんの少し変えて行ってみましょう

自分にあった方法を体と会話しながら見つけましょう

下肢(かし)のATMストレッチの原則

Anti Trick Motion Stretching

体は一日一日変化するものです
今の要求を素直に受け止めましょう

体が硬い人でも、無意識に、自分の使いやすい筋肉を使ってしまう代償動作(だいしょうどうさ)(トリックモーション)を起こさずに、効果的に筋肉をストレッチングできるような方法が、ATMストレッチです。

これらの原則を参考にあなた自身であなたにあったストレッチングや柔軟法を見つけていただきたいのです。人は百人百様です。同じ動作を行ったとしても、体の動き方が異なります。ですから、自分にあった方法を体とコミュニケーションを取りながら見つけてください。

また、昨日よかった方法が今日よいかというとそうでもありません。体は一日一日、刻々と変化しています。今のあなたの体の要求を素直に受け止め、ストレッチングや柔軟法を探してください。

スポーツの前後に行われるストレッチングは故障の予防、競技力向上、疲労の回復に大切です。また日常でも肩こり、腰痛の予防、治療としても効果があります。しかし、ストレッチングが正しく行われていないことが多いのです。

下肢のATMストレッチの原則 1

ストレッチングする筋肉に働く関節以外は固定し、動かないようにして代償動作（だいしょうどうさ）（トリックモーション）を防ぎましょう

ストレッチングでの
代償動作を防止するために、
代償動作を起こしやすい側の関節を固定し、
代償動作を起こしにくい側の
関節を動かしてストレッチングします。
たとえば大腿（だいたい）後ろ側の筋（ハムストリング）の
ストレッチングでは膝を伸ばした状態で
体前屈で行うのではなく、
クラウチング・スタート・ストレッチのように、
腰を曲げておいて膝を伸ばします。

下肢のATMストレッチの原則 ②

筋肉が心地よい強さで引っ張られる感覚を味わいながら行いましょう

ストレッチは強く行ってはいけません。
筋肉がゆったりと心地よく伸ばされる感覚がベストです。
伸ばそう（能動的）と力まずに、
筋肉が伸びる（受動的）を待ちましょう。

下肢のATMストレッチの原則 ③

左右を一緒に ストレッチングしないように、片側ずつ行って代償動作(だいしょうどうさ)を防ぎましょう

左右を一緒に
ストレッチングしないように、
片側ずつ行って代償動作を防ぎましょう。
たとえば大腿(だいたい)前側の筋（大腿四頭筋(だいたいしとうきん)）の
ストレッチは片方ずつ行い、
反対側の膝を立てると、腰を反らせる
代償動作を防ぎます。

第3章

あなたの体の硬さをチェック

「体が硬い」といっても実は硬いところもあれば
柔らかい部分もあるのです。
たとえば、股関節(こかんせつ)は柔らかくても、
首は硬いといったように、部分的には柔らかいところも。
自分の体を詳しく知るためにも、
まず、体のどこが硬いのかを
チェックし、それをストレッチに
生かしていきましょう。

首の硬さをチェックしましょう

チェックポイント 1

鏡の前で首を肩の方に
寝かせてみましょう。
首を倒したと思っていても
あごが反対に曲がっているだけの
場合もあります。
首の部分が倒れているかを
確認しましょう。

□ ほとんど動いていない
□ かしげた程度にしか
見えない

チェックポイント 2

次に左右を見てみましょう。
視線は水平のままです。
この状態で肩は視界に入りますか？

□ 肩が見えない

首を柔らかくしましょう。
【首のストレッチ】42ページ～へ。

肩の硬さをチェックしましょう

チェックポイント 1

片手を上から、もう片手を下から回し、
背中で手を組みましょう。
反対の手で同じようにやってみましょう。

□ 左右ともできない
□ 片側だけはできる

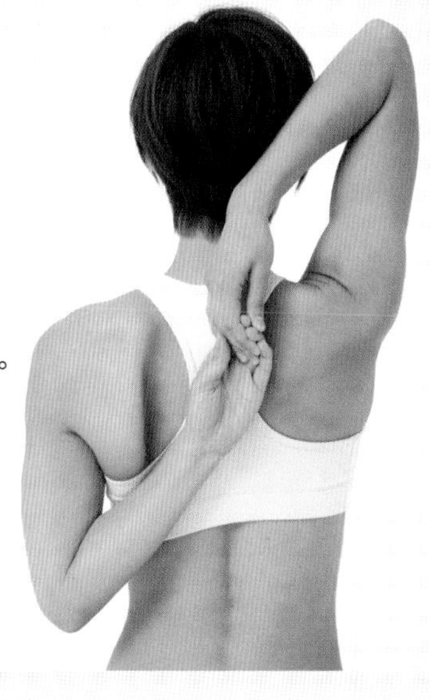

チェックポイント 2

背中で合掌（がっしょう）をしてみましょう。

□ できない

チェックポイント 3

仰向けで床上に寝て両手でバンザイをしましょう。
二の腕が床についていますか？

□ つかない

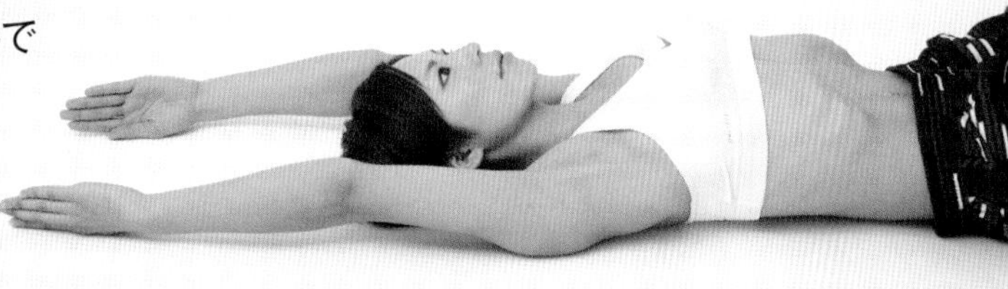

肩関節が硬かったり、動きが悪いので柔らかくしましょう。

【肩関節のストレッチ】 50ページ〜へ。

肩甲骨(けんこうこつ)の硬さをチェックしましょう

チェックポイント ①

肩をすぼめてみましょう。
両肩が上に
上がりますか？

□ 上がらない

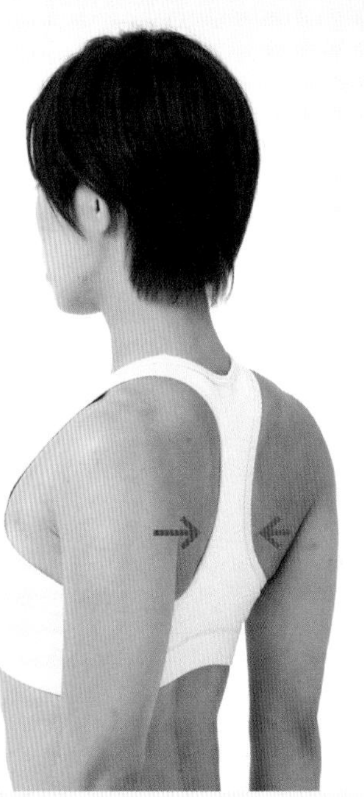

チェックポイント ②

肩甲骨を後方へ引いてみましょう。

□ 引いた感じがしない
　引けない。動かせない

胸の筋肉が硬い、
肩甲骨の動きが悪いので
肩甲骨を柔らかくしましょう。
首の動きが悪いと肩がこりやすくなります。

【胸のストレッチ】66ページ～へ。

【肩甲骨のストレッチ】79ページ～へ。

手首の硬さをチェックしましょう

チェックポイント 1

胸の前で合掌(がっしょう)してください。
手首を反らせてみましょう。
90度ぐらいまで
反っていますか？

- □ 左右の角度が違う
（反らない方の手首が硬いのです）
- □ 90度ほど反っていない

チェックポイント 2

胸の前で両手の甲を合わせて
両手首を曲げてみましょう。
70度ぐらいまで
曲がっていますか？

- □ 左右の角度が違う
（曲がらない方の手首が硬いのです）
- □ 曲がっていない

手首が硬いので柔らかくしましょう。

【指、手指のストレッチ】 84ページ～へ。
【肩関節のストレッチ】 50ページ～へ。
【前腕のストレッチ】 82ページ～へ。

股関節の硬さをチェックしましょう

チェックポイント 1

体育座りをしてみましょう。
□ 体育座りができない
□ 膝を抱えていないと座っていられない
□ 背中が丸まってしまう

胸に膝が近づかないのは
股関節が硬いためです。

チェックポイント 2

足の爪をスムーズに切れますか？
□ 切りにくい
□ 手が届かなくて切れない

チェックポイント 3

あぐらで座れますか？
□ 座れない
□ 背が丸まってしまう
□ 座っているのがつらい

あぐらで座れないのは
女性に多いのですが、
これも股関節が硬いためです。

チェックポイント 

トンビ座り（床に座り足をM字に折る座り方）ができますか？

☐ できない

トンビ座りができないのは男性に多いのですが、
股関節が硬いためです。
また、あぐらとトンビ座りは性差によるものでなく、
生活習慣が原因のように思われます。

チェックポイント 

横座りができますか？　左右試してみましょう。

☐ 右にお尻を落とす横座りができない
☐ 右にお尻を落とす横座りがつらい
☐ 左にお尻を落とす横座りができない
☐ 左にお尻を落とす横座りがつらい

右にお尻を落として座る横座りができなかったり、つらいのは、
左の股関節内旋（ないせん）（外側にねじる動き）、右の股関節外旋（がいせん）（内側にねじる動き）の
どちらかまたは両方が硬いと思われます。左にお尻を落とす場合はその反対。
しかし、膝の関節が柔らかい場合は股関節が硬くても座れることがあります。
この場合、膝のトラブルを起こす可能性があります。

チェックポイント 

いすに座って足を楽に組めますか？

☐ 組みにくい
☐ 片方だけが組みにくい

足を組んだときに組みにくかったり、できないのは、
左右の股関節内旋と内転が硬いと思われます。
多くは下側の足の動きが硬いせいです。
女性は組みやすい方が多いのですが
男性はむずかしい方が多いようです。

股関節が硬いので柔らかくしましょう。

【股関節のストレッチ】 102ページ〜へ。

膝の硬さをチェックしましょう

チェックポイント 1

足を投げ出して座ってみましょう。
膝の後ろは床についていますか？

□ ついていない

チェックポイント 2

仰向けに寝て膝の後ろが床上についた状態のまま、
かかとを上げられますか？
片足を立ててもチェックしてみましょう。

□ 上げられない

膝の後ろは床についていない、
かかとが上がらないなら膝が曲がっています。
膝は反るように伸びるのが正常です。

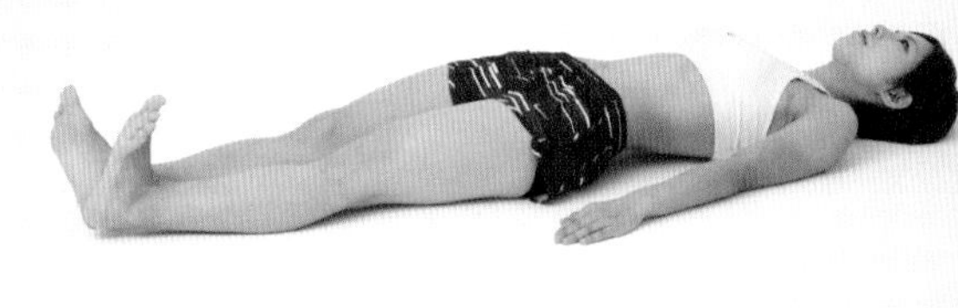

膝が硬いので柔らかくしましょう。
膝を柔らかくするためには
【ハムストリングのストレッチ】
123ページ～へ。

【アキレス腱のストレッチ】135ページ～へ。

下肢(かし)の硬さをチェックしましょう

チェックポイント 1

両足を肩幅に開き、
そのまま腰を
落としてください。
ヤンキー座りまたは
和式トイレスタイルと
呼ばれている格好です。

□ ヤンキー座りができない

股関節、足関節、アキレス腱(下腿三頭筋(かたいさんとうきん))のいずれか、または全部が硬いと思われます。それぞれを柔らかくしましょう。

【股関節のストレッチ】 102ページ~へ。
【アキレス腱のストレッチ】 135ページ~へ。

太もも前の硬さをチェックしましょう

チェック
ポイント 1

正座して、そのまま後方に寝てください。
足はＭ字になってもかまいません。

□ できない
□ 腰が反ってしまう

チェック
ポイント 2

うつぶせに寝て膝を曲げてみましょう。
そのとき、かかとが
お尻の近くにありますか？

□ 近くにこない

太もも前（大腿四頭筋）が硬いので、
柔らかくしましょう。

【大腿四頭筋のストレッチ】
128ページ～へ。

腰の硬さをチェックしましょう

チェックポイント 1

仰向けで寝て両膝を立てた状態で、
そのまま両膝をそろえて右に倒しましょう。
床にももの外側をつけたとき、左の肩が浮いてしまいますか？
反対側も同様にチェックしましょう。

□ 床上から肩が浮いてしまう
□ 背中が浮いてしまう

腰のねじれが硬いか
股関節（こかんせつ）が硬いので腰、
股関節を柔らかくしましょう。

【腰のストレッチ】 90ページ〜へ。
【股関節のストレッチ】 102ページ〜へ。

チェックポイント 2

足を投げ出して座ると
□ 腰が曲がってしまう
□ 足を投げ出して座っているのがつらい

腰が曲がってしまうのはハムストリングが硬いようです。

ハムストリングが
硬いので
柔らかくしましょう。

【ハムストリングのストレッチ】
123ページ〜へ。

column

膝の痛みに効果があるストレッチ

膝の痛みのある方の多くは、膝の関節の伸びが悪いようです。正常な膝は動かすと少し反っています。ですから、仰向けに寝て膝を伸ばしたときに、膝の裏が床上についていなければ膝が曲がっているということになります。膝裏を床上面につけたまま膝を伸ばす（大腿四頭筋＝ももの前の筋肉に力を入れる）とかかとが少し床上から上がっていれば正常です。そうでなければ、膝が反るようにストレッチングをしなければなりません。

膝が曲がる原因は大きく分けて３つあります。ひとつはハムストリング（ももの後ろの筋肉）が硬い場合、ふたつめは下腿三頭筋（ふくらはぎの筋肉）及びアキレス腱が硬い場合（アキレス腱は下腿三頭筋とつながっていますので同時にストレッチングされます）、３つめは膝の靭帯そのものが硬い場合です。

もし、現在、膝が痛くなくても将来膝の痛みが出る可能性がありますし、膝が曲がっているとO脚にも見えますので、ぜひ膝のストレッチングを行いましょう。効果的なのはハムストリング、下腿三頭筋、アキレス腱のストレッチングとなります。

また、股関節が硬いのも膝の痛みの原因になります。

股関節の動きが悪いと膝が代償的に動かねばならず負担が増えるためです。

股関節の柔軟や股関節周辺の筋肉のストレッチが必要です。

第4章

上半身のストレッチ

首、肩関節、胸、背中、肩甲骨(けんこうこつ)、前腕、指…
これらを十分にほぐすことで、
体のこりが解消できますし、
予防することもできるようになります。
位置を変えることで、
伸ばされる部分も変わってきます。
ストレッチングするときは
必ずどこが今、伸ばされているのかを
確認しながら行いましょう。
また、右、左のあるストレッチは
反対側も同様に行ってください。

首
neck

うなじのストレッチ
くるくると頭を体に丸め込むイメージで

1

あごを軽く引き、前を見ます。

2

両手を頭の上に軽く乗せます。

頭を前に倒します。

ここがポイント！

体を後ろに少し傾けてうなじがより伸ばされる姿勢を探して行うと効果が上がります。うなじのストレッチングでは頭痛、目の疲れが瞬時に消えることも珍しくありません。ソファーに座って行うとリラックスでき効果が上がります。

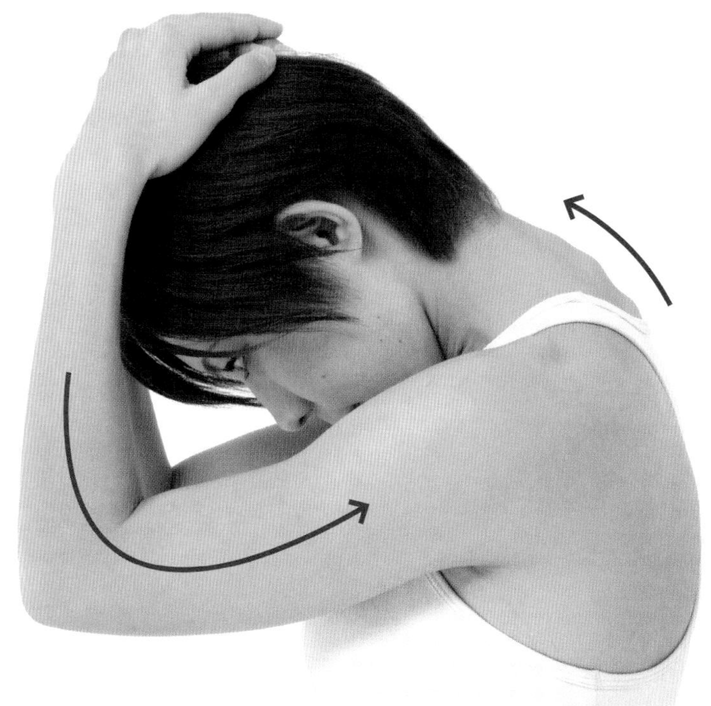

3

指先で頭皮を軽く引くように
しながら
体を後方に倒していき
あごをのどに
近づけてゆきます。

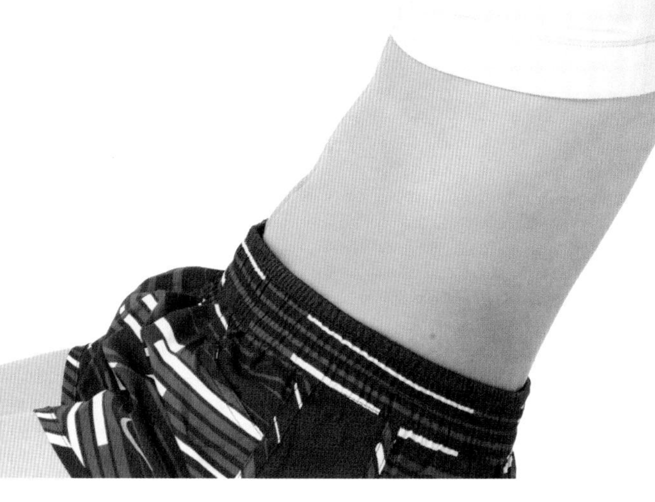

4

自分の体を
１枚の紙のように
イメージしてみましょう。
くるくると丸め込むように
頭を巻き込んで
いきましょう。
指先の力はごく軽く
行います。

首

neck

のどのストレッチ

あごがすっきりして声が出やすくなります

その位置で

頭を斜め後方に傾けます。

2

体も同じ方向に
少し傾け、
首をねじり
突っ張る筋肉を
探します。

3

気持ちよく引っ張られる筋肉が見つかったら、
そのままの姿勢で力を抜いて筋肉がほどけるのを待ちます。
何回か繰り返します。
前後、左右、斜めなど傾ける角度、ねじる程度を変えて
緩（ゆる）めていきましょう。
もちろん、あごを上げたり、引いたり、横にずらしたりしても結構です。
頭の重さで筋肉が引っ張られます。
引き伸ばそうとして力を入れてはいけません。

ここがポイント！

あまり意識されることは
ありませんが前頸部（ぜんけいぶ）もこっています。
ソファーで背もたれにもたれて行うと
より効果が上がります。
あごがすっきりし、
声がでやすくなります。

首
neck

手の上げ下げだけで強さも変わる!
デコルテ(首から胸元)のストレッチ

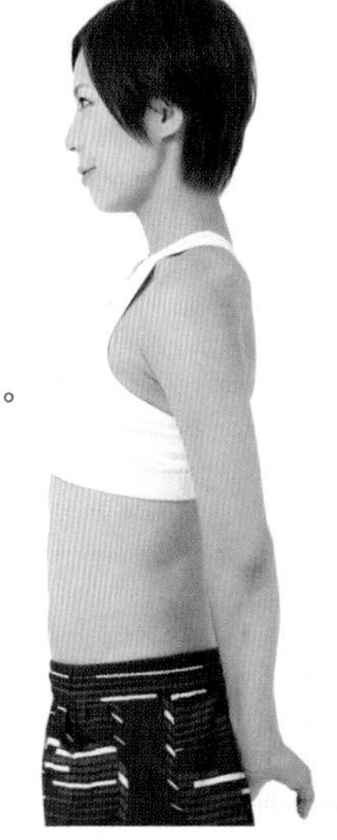

1
手を体の後ろで組みます。

2
手を後ろ下方向に
引きながら、あごを上げ、
頭を後方へ倒します。

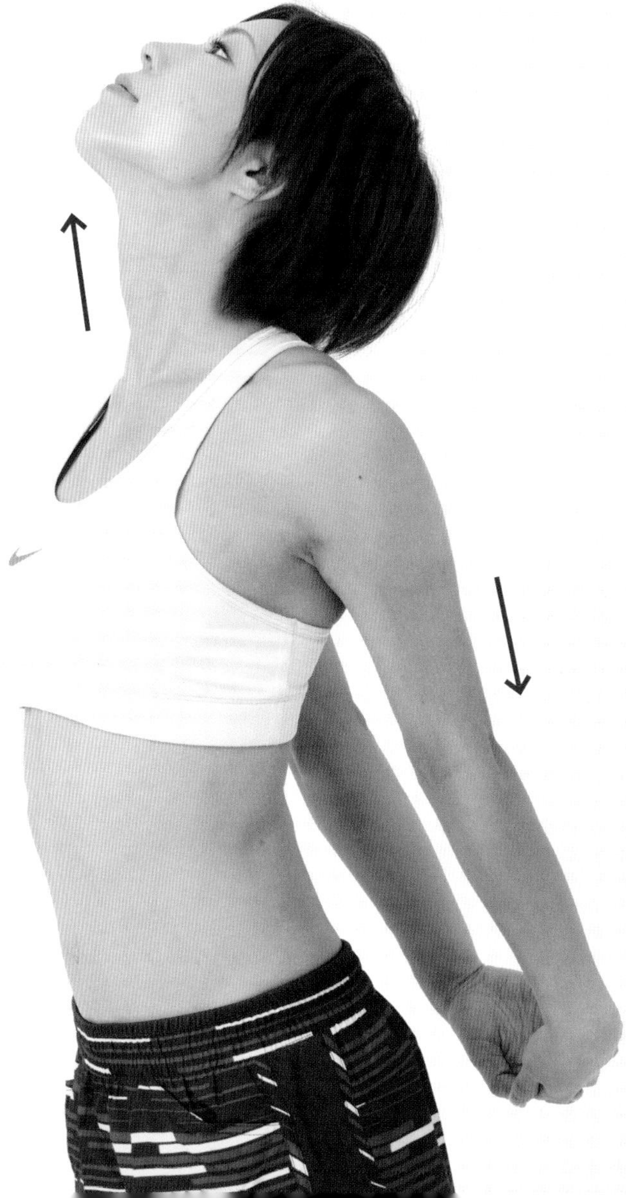

ここがポイント!

デコルテだけでなく、
胸、肩の筋肉もほぐれます。
手を少し上げたり、下げたりと
移動するだけで
ストレッチングの強さが変わります。

首
neck

のどの痛みや咳が治らないときにはここを
前頸部をほぐすATMストレッチ

①
胸の鎖骨の上方、
首のつけ根に手のひらを当て、
前頸部の皮膚を下方に
押し下げます。

②
そのまま、首と体を
後方に倒します。
この姿勢で5～10秒ほど
心地よく筋肉が
伸ばされるのを待ちます。
首を左右にひねって行う
角度を変えると異なる部位が
ストレッチングされます。
角度を変えて
ストレッチングしたい
場所を探して
行ってください。

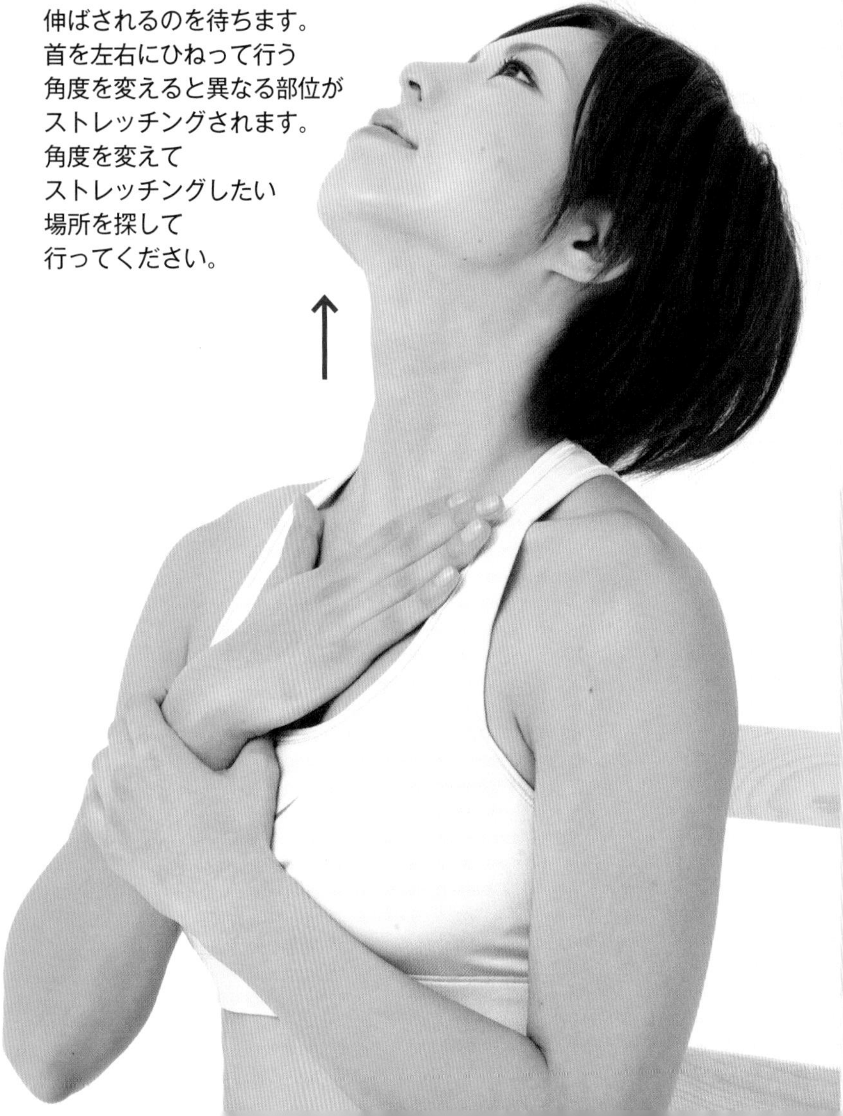

ここがポイント！

首は横や後ろだけでなく前の部分もこっています。首の前がこると首の動きが制限されるだけでなく、声が出にくかったりします。のどの痛みや咳がなかなか治らないときなどは前頸部がこっていることが多いものです。

首
neck

肩こり、首の痛みなどの解消になる！

側頸部(そくけいぶ)のストレッチ1

①
片手を頭の
側面部に当てます。
ゆっくりと横に引き、
首の横の筋肉を
伸ばします。

②
手を入れ替えて
反対側も行います。
下げた方の手で
いすのヘリをつかむと
より効果が出ます。

ここがポイント！
伸ばしている方の肩が上がらないように行います。緊張している筋肉をしっかりとストレッチングすることができれば、肩こりや頭痛の解消になります。

首
neck

首が瞬時に横に倒れるようになる 側頸部(そくけいぶ)のストレッチ2

①
右の側頸部を
伸ばすために、
一度右に首を傾けます。

②
右肩を上げて
できるだけ耳に近づけます。

一番硬かった筋肉が緩(ゆる)むと次の硬い筋肉が見つかります。その筋肉が緩むとまた次が見つかります。こうして傾ける角度、ねじる程度を変えて緩めていきます。あごを上げたり引いたり、横にずらしたりしても結構です。また、首を倒していると思っても意外と倒れていません。鏡で確認しながら行ってみてください。

3

そのままの状態をキープし、
左側に首だけを倒します。

4

右肩をそっと下げます。

肩関節

shoulder joint

年齢とともに機能を失いやすいのが肩関節

腕が胸の方に引き寄せづらい方の肩関節のストレッチ

①

横向きに寝て、
下になっている方の手を
肩と同じくらいにします。

②

徐々に体を
うつぶせにしていきます。
心地よく肩関節の後ろ側が
引っ張られる感じがしたら
この状態で10～20秒ほど
キープしましょう。

③

体を元に戻し、今度は手を
やや上にします。

神経や血管の通り道を圧迫するので、手にしびれがある方は、腕の角度を変えるとストレッチングされるところが変わります。

そのまま徐々に体を
うつぶせにしていきます。
心地よく肩関節の後ろ側が
引っ張られる感じがしたら
この状態で10～20秒ほど
キープしましょう。

5

体を元に戻し、
今度は手をやや下側にします。

そのまま徐々に
体をうつぶせにしていきます。
心地よく肩関節の後ろ側が
引っ張られる感じがしたら
この状態で10～20秒ほどキープしましょう。

肩関節
shoulder joint

肩が動きやすくなり肩こりの改善にも 腕の動きをよくするATMストレッチ

1

まずは左の関節の動きをよくしていきましょう。
手のひらで左耳をこするような動作で頭の後方に運びます。

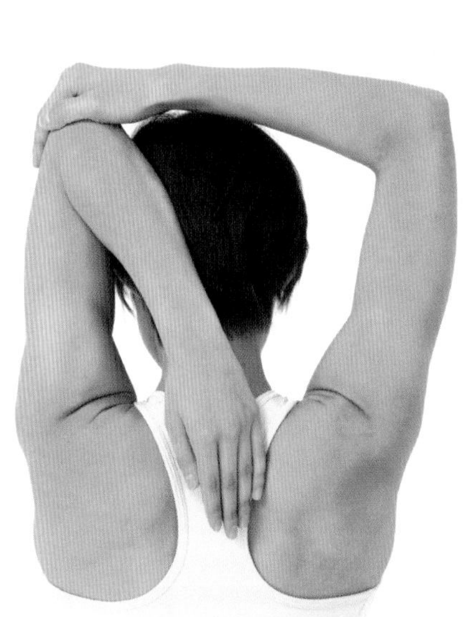

2

右手で押し込むように左肘を押さえます。

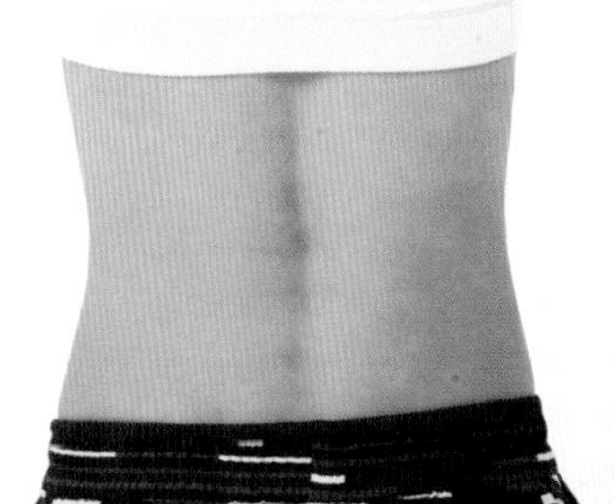

ここがポイント！

体の倒す角度や肘（ひじ）の伸ばし方は自分の心地よい状態で行いましょう。

3

肘を伸ばします。
この姿勢で5~10秒ほど
心地よく筋肉が
伸ばされるのを待ちます。
右側も同様に行います。

肩関節

shoulder joint

両腕を広げにくいときに

腕を後方に引くストレッチ

①
横に向いて寝ます。

②
肘を曲げたまま
背中の方に
できるだけ引きます。

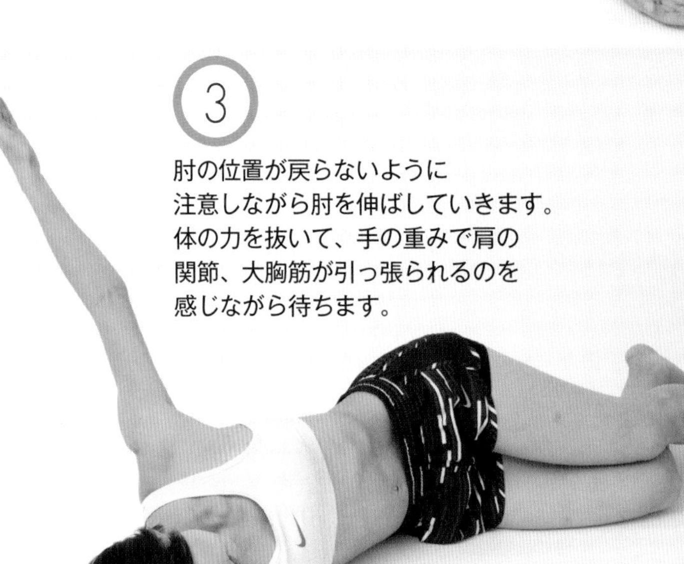

③
肘の位置が戻らないように
注意しながら肘を伸ばしていきます。
体の力を抜いて、手の重みで肩の
関節、大胸筋が引っ張られるのを
感じながら待ちます。

ここがポイント!

腕を後方に引くと胸の筋肉（大胸筋）や肩関節の前側の筋肉（三角筋）がストレッチされます。肘を伸ばして引くよりも、肘を曲げて後方に引くと腕を後方に引きやすくなります。また、一度肘を曲げてから肘を伸ばすことで体の硬い方もストレッチングが効果的にできるようになります。

肩関節

shoulder joint

腕を内側に持ってくるストレッチ

腕を胸の方に引き寄せづらい方のストレッチ

壁に二の腕を当て
右手で左手を引きます。
体を壁に向かって押し当て
少し体重をかけます。
肩関節の後ろ側が引っ張られます。
同様に反対の関節も行います。

ここがポイント!

肩関節の後ろ側がストレッチングされます。三角筋、棘下筋、小円筋や関節包、関節靭帯のストレッチングです。二の腕があごの下に入るようになります。

肩関節

shoulder joint

肩こり、四十肩（しじゅうかた）や五十肩（ごじゅうかた）など肩のトラブル予防に

腕が胸の方へ引き寄せづらい方のストレッチ

ここがポイント！

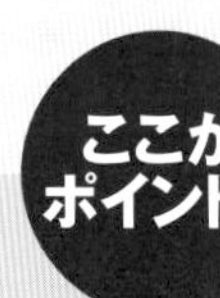

肘（ひじ）を後方へ押すとき、無理に行うと肩を痛める危険性があるので、無理のないように行いましょう。

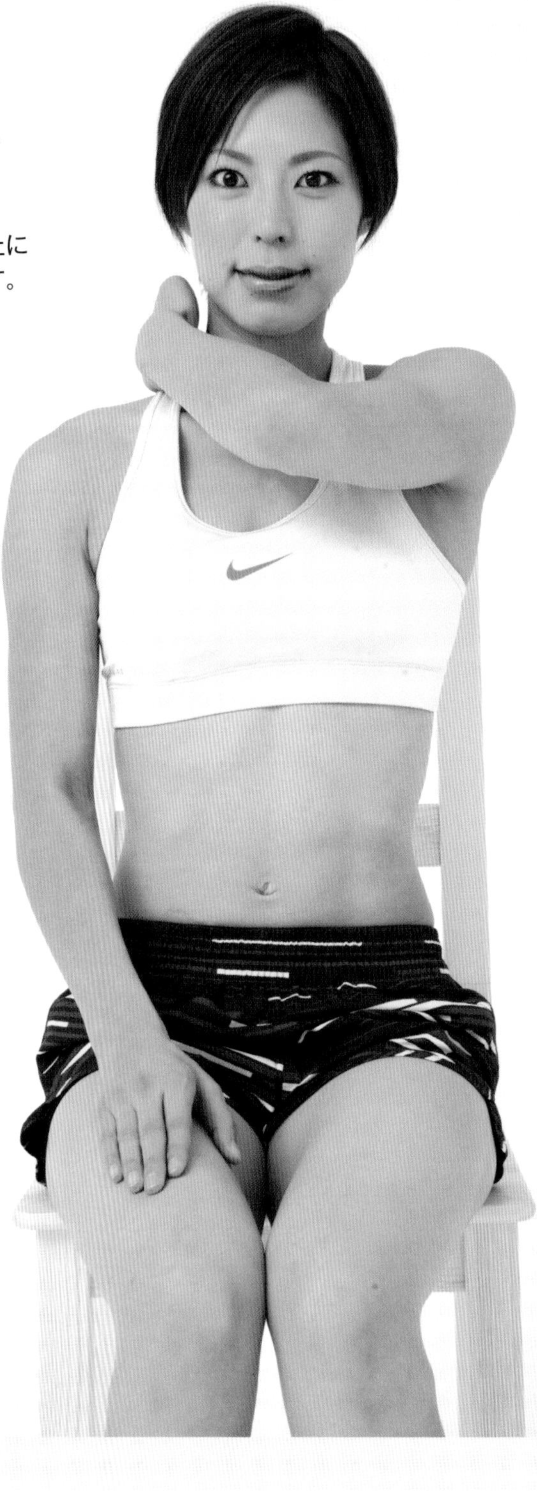

1

左腕を右肩の上に乗せます。

肘を曲げたままで
右手で左肘を
後方へ押します。

そのままの位置で
左腕を伸ばします。
これを2～3回ほど
同様に行います。

肩関節

shoulder joint

タオルを使えば無理なくできる
タオルストレッチ

1 タオルを腰の後ろで持ちます。

2 そのまままっすぐに
右側へ引っ張ります。

ここがポイント！

体が硬いと感じる人でも、タオルをうまく使うと意外と簡単に体を伸ばすことができるものです。自分でタオルにかける力を調節できるので、体に無理な負担をかける心配もありません。腕が後方に回るようになります。

③

首を右へ倒すと、
首から肩にかけて
ストレッチングされます。
反対側も
同様に行います。

肩関節

shoulder joint

腕を上げるのがスムーズになる

腕の上げ下げ（肩関節の屈曲）

①

足を腰幅くらいに
開いて立ち、
タオルの両端を持って、
正面を向いて姿勢を
まっすぐに正します。

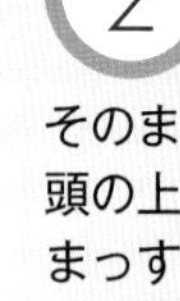

②

そのまま腕を
頭の上に向かって、
まっすぐ伸ばしていきます。
タオルから
手を離さないようにしながら、
腕をまっすぐ伸ばします。
自分の硬さで
タオルを持つ位置を狭（せば）めたり
広げたりしてください。

両腕を伸ばしたときに、
イタ気持ちいい強さで
タオルの幅を決めてください。
無理せずにやりましょう。
タオルを使うことで
体の硬い方も効果的に
ストレッチングができます。

肩関節

shoulder joint

肩を回す

肩・首のこりが和(やわ)らぎます

背中を洗うような形で
タオルを持ちます。
右手で左手を下方に引っ張ります。
左の肩関節が後ろ下方に
動くようになります。

2

左手で右手を上方に
引っ張ります。
右の肩関節が後ろ上方に
動くようになります。

3

反対側も同様に行いましょう。

ここがポイント！

少しずつタオルを短く持って行えるようにします。無理はせず「気持ちいい」と思えるところで止めておきましょう。それさえ確認できれば、ストレッチ効果は十分にあります。

肩関節

shoulder joint

肩の上がりをスムーズにする ポールや柱を使ったストレッチ

1

肩と水平ぐらいの位置で
ポールをつかみます。

2

そのまま体を反対方向へ
回して、気持ちいいと
思えるくらいのところまで
ストレッチングします。

腕が後方にいくようになります。
大胸筋(だいきょうきん)、小胸筋(しょうきょうきん)、
三角筋(さんかくきん)のストレッチングです。
ご家庭では柱などで行ってください。
手の高さを変えて動きの悪いところを
重点的にストレッチングします。
高さの違いで伸ばされる
筋肉が違ってきます。

元の位置に戻り、
今度は手の位置を高めにし、
体を反対方向へとひねります。
反対側の手も同様に行います。

3

元の位置に戻り、
今度は手の位置を低めにし、
体を反対方向へと
ひねります。

肩関節
shoulder joint

簡単に肩関節を伸ばそう

脇(わき)締めストレッチ

①
ポールの横に立ち、
脇を締めて
ポールを握ります。

②
上半身をポールと
反対側へねじって
キープします。
同様に反対側も
行います。

ここがポイント！

肩の回旋(かいせん)をよくするストレッチングです。肩のインナーマッスルをほぐします。可能であれば、肘(ひじ)からなるべく直角の位置に持っていきましょう。ただし、脇が開くとねじりにくくなるので気をつけてください。

column

五十肩の予防、腕が上がらないときに効果があるストレッチ

服を着ようとすると肩が痛くて上がらない、寝るとき右半身を下にすると痛む、朝起きたら腕が上がらなくなってしまった…などが四十肩、五十肩の症状です。痛む場所は肩から上腕（二の腕）にかけてが多く、初めは肩を動かすときに痛むだけですが、症状が進むと、動かさなくても肩がうずくように痛み、思うように腕が上がらなくなります。年齢はおおよそ40代後半から始まり50代にピークを迎え、60代までに見られることが多いようです。共通点は「肩から腕にかけての痛みがあること」と「腕の動きが制限されること」。

痛みの原因は、肩まわりの筋肉の炎症、筋肉の衰え、肩の腱が伸縮しなくなったためと考えられるので、肩関節の可動域の改善を。特に腕を大きく動かすことの少ない事務職（デスクワーク）で起こりやすいようです。肩関節を後方に肩甲骨を背中の中央に引けないと起こりやすくなります。ですから、肩の関節、肩甲骨、大胸筋のストレッチングを行うと上がりやすくなりますし、また、予防のためにもぜひ行うようにしましょう。首のストレッチングも同時に行うと効果が上がります。

胸

chest

腕の開きをよくするATMストレッチ

胸をほぐし血行を促進させて疲れを取りましょう!

1

両手を胸の前にそろえます。

2

胸の前で
肘を折り曲げます。
水平よりも少し高めです。

ここがポイント!

肘(ひじ)を伸ばすときに、肘の位置が戻らないように行いましょう。

3

後方に向かって、腕を開きます。
この姿勢で2～3秒ほど心地よく筋肉が伸ばされるのを待ちます。
2～3回ほど同様に行います。

胸の脇部分のストレッチ

背中や胸の脇（わき）の硬さを解く

1
あぐらをかきます。

2
右手を体の横につき、
左手を耳の横に上げ、
脇や側胸部が伸びるように
体を横に倒します。
しばらくキープします。

ここがポイント！

ストレッチングのときに体を横に倒す場合は、必ず支えが必要です。腕の重さで脇の部分が引っ張られるように倒すことがポイントです。
手のつく位置、体の倒す角度やひねりの強さはご自分が伸ばしたい場所を探しながら決めてください。
背中の疲れや胸の緊張感が緩（ゆる）んでくるので背中がねじりやすくなり、呼吸も楽になります。

胸

3
次に斜め後ろに倒します。
しばらくキープします。

4
今度は斜め前に倒し、
しばらくキープします。
これで胸の脇部分が
ほぐれます。

胸
chest

腕の上げ下げで胸筋の上下がほぐれる

左右同時に行える大胸筋のストレッチ

①
ポールの前に立ちます。
高めの位置に
手を置きます。

②
手はそのままで
一歩前に
踏み出します。

ここがポイント！

ここではポールを2本立てていますが、ドアや壁などを使うといいでしょう。
じわ～っと伸ばしたらゆっくりと元の位置に戻ってください。
もちろん呼吸は止めないでください。
ちなみに腕を上げていくほど大胸筋の下部が伸び、下げるほど上部が伸びます。
いろいろな角度で試してください。
左右の高さが同じでなくてもかまいません。肘の角度もいろいろ変えてやってみてください。

3

手をやや低めに置き、
同じように踏み出します。

4

もう少し下に
手の位置を移動させ。
同様に行います。
こうして手の位置を変えることで
胸の部分がくまなく
ほぐれるようになります。

胸
chest

壁を利用した胸と肩関節のストレッチ

壁を使って手軽にできる腕を開くストレッチ

①
壁の前に立ちます。
左手のひらを壁に、
肩と同じ高さに
伸ばしてつけます。
右手は体を支えます。

②
左手はそのままの位置で
右手で壁を押しながら
体をひねります。
同様に逆も行いましょう。

ここがポイント！

腕を後方に引きにくいとき、胸を広げにくいときのストレッチングとなります。手のひらをしっかりと壁につけること。肩関節の前側と胸の筋肉が伸ばされるのを感じながらストレッチングしてください。三角筋（さんかくきん）、大胸筋（だいきょうきん）が伸びます。

column

首こり、肩こり、頭痛、耳鳴り、眼精疲労、のどの不調、声が出にくいときのストレッチ

長時間のデスクワークやＰＣ(パソコン)作業などで体が縮むと、こりや痛みの原因になります。頭は体重の１割ぐらいで、おおよそ５～６キロの重さがあり、それを首が支えています。首の周囲の筋肉に疲労がたまる、背中の筋肉が緊張するなどの症状を放っておくと、血液の循環が悪化します。すると筋肉に酸素が行きわたらなくなり、乳酸などの老廃物(ろうはいぶつ)がたまります。その結果、筋肉が硬直して正常な筋肉の伸び縮みができなくなり、首こり、肩こりが生じてしまうのです。首や肩がこると頭痛、耳鳴り、目のしょぼつき、目の疲れなどが起こりやすくなります。ストレッチングしてこりを取ると、これらの症状が改善します。同じ姿勢でデスクワークをしていることが一因ですので、１時間に一度ぐらいは休憩して軽いストレッチングを行うようにしましょう。予防にも効果があります。頭痛、特に筋緊張性頭痛(きんきんちょうせいずつう)（筋収縮性頭痛(きんしゅうしゅくせいずつう)）の原因はほとんどが首の横（側頸部(そくけいぶ)）やうなじ（後頸部(こうけいぶ)）のこりですので、そのストレッチを、また、耳鳴りは側頸部、眼精疲労は後頸部、のどの調子の悪さは前頸部(ぜんけいぶ)をストレッチングすると効果があります。

背中
back

背中のストレッチ

時間をかけてゆっくり行うとより効果的

1

いすに座ります。

2

体を後方へ倒します。

ここがポイント！

曲げる角度、ひねる角度をいろいろ変えて試します。手で反対側のももにつかまって行ってもいいでしょう。

体を下敷きをひねる、
曲げるのようにイメージし、
対角線上で2つに折るように
体を曲げてストレッチングをします。
体をみぞおちのあたりで少し前に曲げたまま、
体をねじって、肩関節を反対側の
足のつけ根（股関節）に
近づけようとします。
曲げるところを変えると
ストレッチされるところも
代わります。

背中にストレッチ感が出たら
そのままの姿勢で
ほどけるのを待ちます。

背中
back

肩甲骨を動かすことで肩こり解消
「一番こるところ（肩甲上部と肩甲間部）」のストレッチ

① 左手で左足のかかとを
内側からつかみ膝を伸ばして、
足の力で腕、肩、背を
引っ張り肩甲骨を前へ
引き出します。

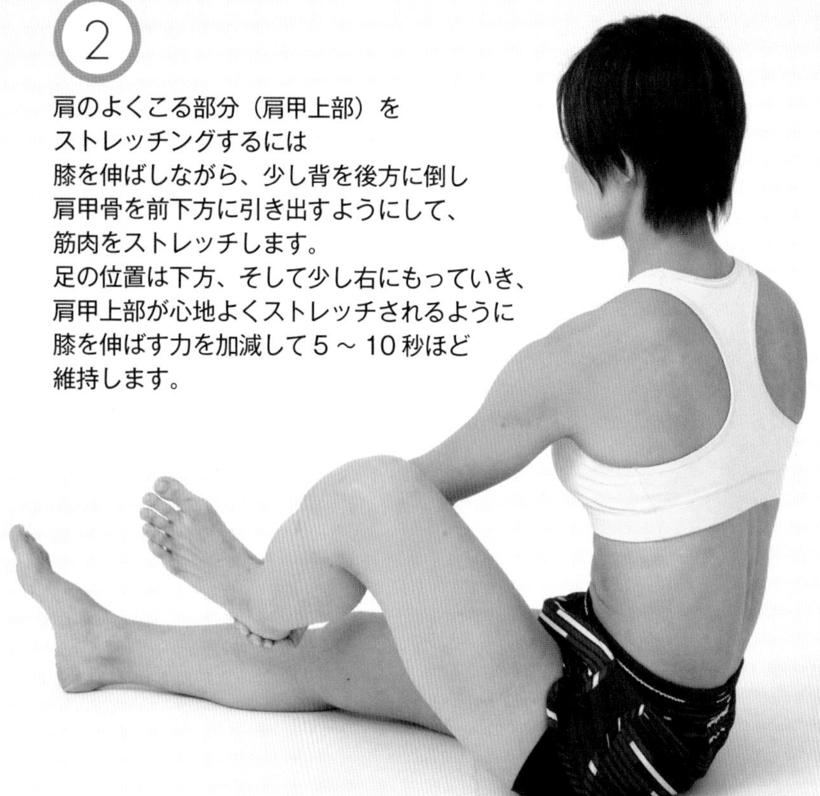

② 肩のよくこる部分（肩甲上部）を
ストレッチングするには
膝を伸ばしながら、少し背を後方に倒し
肩甲骨を前下方に引き出すようにして、
筋肉をストレッチします。
足の位置は下方、そして少し右にもっていき、
肩甲上部が心地よくストレッチされるように
膝を伸ばす力を加減して５～10秒ほど
維持します。

ここがポイント！

伸ばしたいところが
引っ張られるように
背中を丸めるのがポイントです。
膝は曲がっていてもかまいません。

③

背中の中ほど部分（肩甲間部）のストレッチは
足を上げて膝を伸ばしていきながら、少し背を丸めて
後方へ少し倒し、足を少し右へもってゆきます。
肩甲間部が心地よくストレッチされるように
膝を伸ばす力を加減して５～１０秒ほど維持します。

背中
back

肩だけでなく首や背中の筋肉の緊張が原因のことも
首の後ろから背中にかけての筋肉をほぐすストレッチ

1

両手を頭の上に乗せ、
あごを胸につけるように
引きます。

2

首の後ろがストレッチングされるように
軽く指先で引っ張りながら、頭を前屈します。
あごを胸の上部から離さないように
注意して体を後方に少し倒します。
この姿勢で5～10秒ほど
心地よく筋肉が伸ばされるのを待ちます。
２～３回ほど同様に行います。

ここがポイント!

体を丸めたカーブの頂点がストレッチングしたい場所へくるようにします。首、体の前屈時にほんの少し左右に倒したり、首を左右にひねって行うと異なる場所がストレッチングされます。ストレッチングしたい場所を探してください。自分が伸ばしたいところが伸ばされているかを確認しながら行いましょう。

肩甲骨

shoulder blade

肩甲間部（肩甲骨と背骨の間）のこりがある方に
腕の動きをよくするATMストレッチ

1

体を前方へ倒します。
前方に腕を下げ、
指を組んで
手を返します。

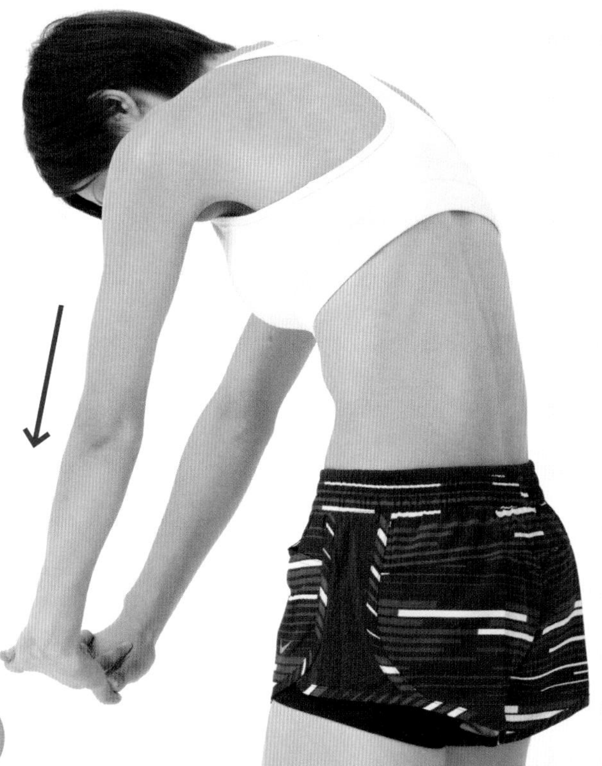

2

肘を伸ばし腕を
床に向かって伸ばします。
この姿勢で5～10秒ほど
心地よく筋肉が伸ばされるのを待ちます。
2～3回ほど同様に行います。

ここがポイント！

肩甲骨を前側に引き出すことで、肩甲骨と背骨の間をストレッチングします。腕を下げる位置を少し変えて行うと異なる場所がストレッチングされます。ストレッチングしたい場所を探してください。

肩甲骨

shoulder blade

肩関節をほぐせば肩こりも解消される

腕の後方への動きをよくするATMストレッチ

①

肘を脇につけた状態で肘を曲げて、できる限り後方、上方へ引きます。

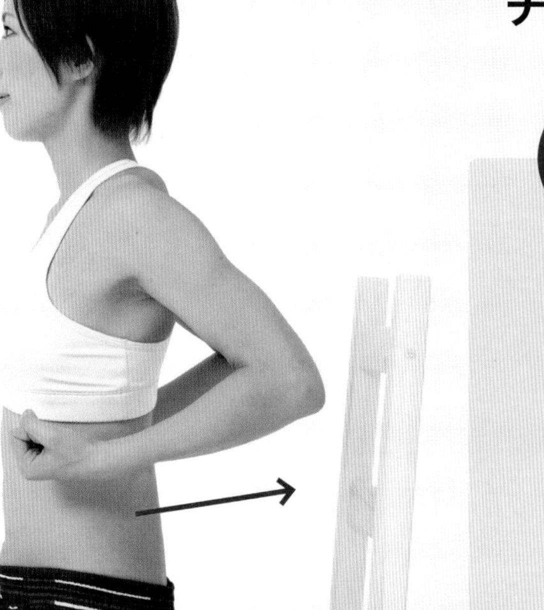

②

この肘の位置を維持したままでスキージャンプの選手のように肘を伸ばします。

後方に引いた腕がなるべく脇から離れないように行いましょう。

頭を後方に倒します。

2～3回ほど同様に行います。

前腕
forearm

キーボードを使う腕の疲労解消に 前腕のストレッチ

1

いすに浅く座り、
左手の手のひらを下に向けて
お尻の横よりやや奥に置きます。
指先が体の方向に向くように
腕をひねり指先を右後方へ向けます。
そして後ろに体を傾けて
手に体重を少しかけ、伸ばします。
前腕の手のひら側が伸びます。

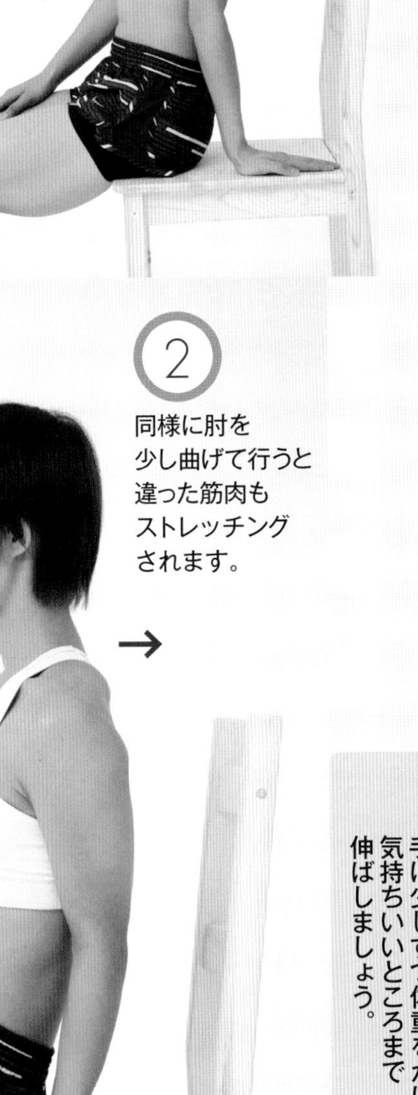

2

同様に肘を
少し曲げて行うと
違った筋肉も
ストレッチング
されます。

→

ここがポイント!

野球肘、テニス肘、腱鞘炎、バネ指などの予防に。ストレッチングするときには腕にねじりを加えた方が効果が上がります。肘を伸ばしたときと曲げたときでは伸ばされる筋肉が少し違います。手に少しずつ体重をかけ、気持ちいいところまで伸ばしましょう。

次に手を逆さまにし、
手の甲を座面につけます。
腕をひねり指先を
右外方に向けます。
そして後ろに体を傾け、手に体重を少しかけ、
伸ばします。
前腕の手の甲の側が伸びます。

同様に肘を少し曲げて行います。
こうすることでまた、違った筋肉も
ストレッチングされます。

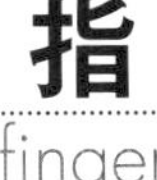

指
finger

指を反らすストレッチ

酷使している指もこっています

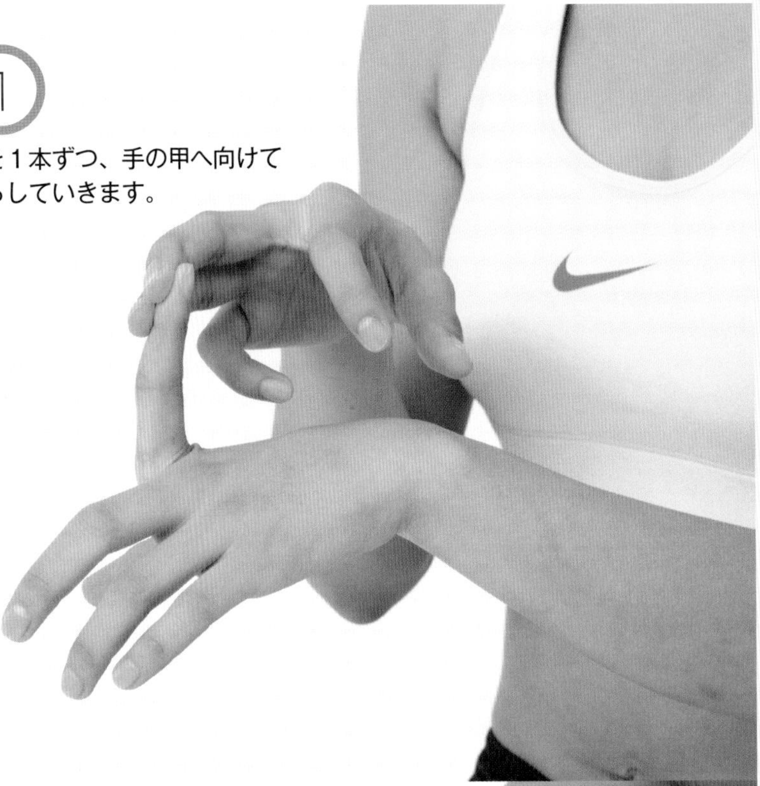

①

指を１本ずつ、手の甲へ向けて
反らしていきます。

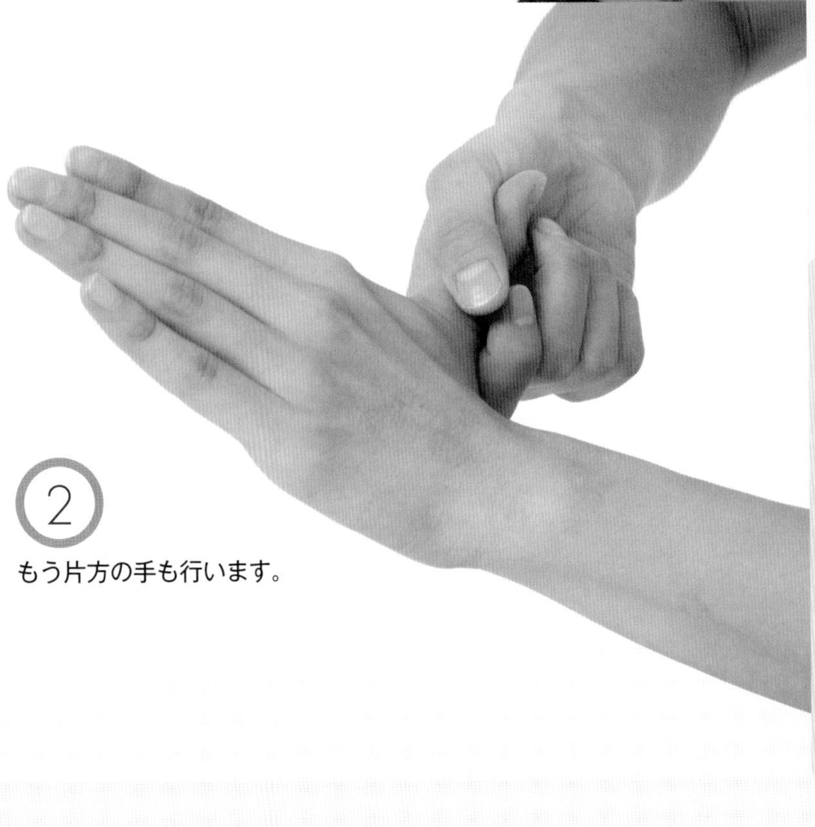

②

もう片方の手も行います。

ここがポイント！

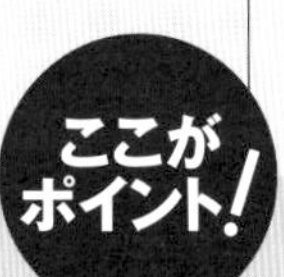

反らしすぎないよう
気をつけましょう。

指

finger

指関節が硬いとトラブルの原因になります

指をねじるストレッチ

ここがポイント!

ゆっくりとひねります。
指の関節に負担をかけないように
丁寧に行ってください。
すべての指を
ひねっていきましょう。

①

指の両脇を、
人差し指と親指でつまみ、
ひねりながらもみます。

②

左右の指をまんべんなく
ねじってもみます。

指を開くストレッチ1

眠気も解消し気分もリフレッシュ

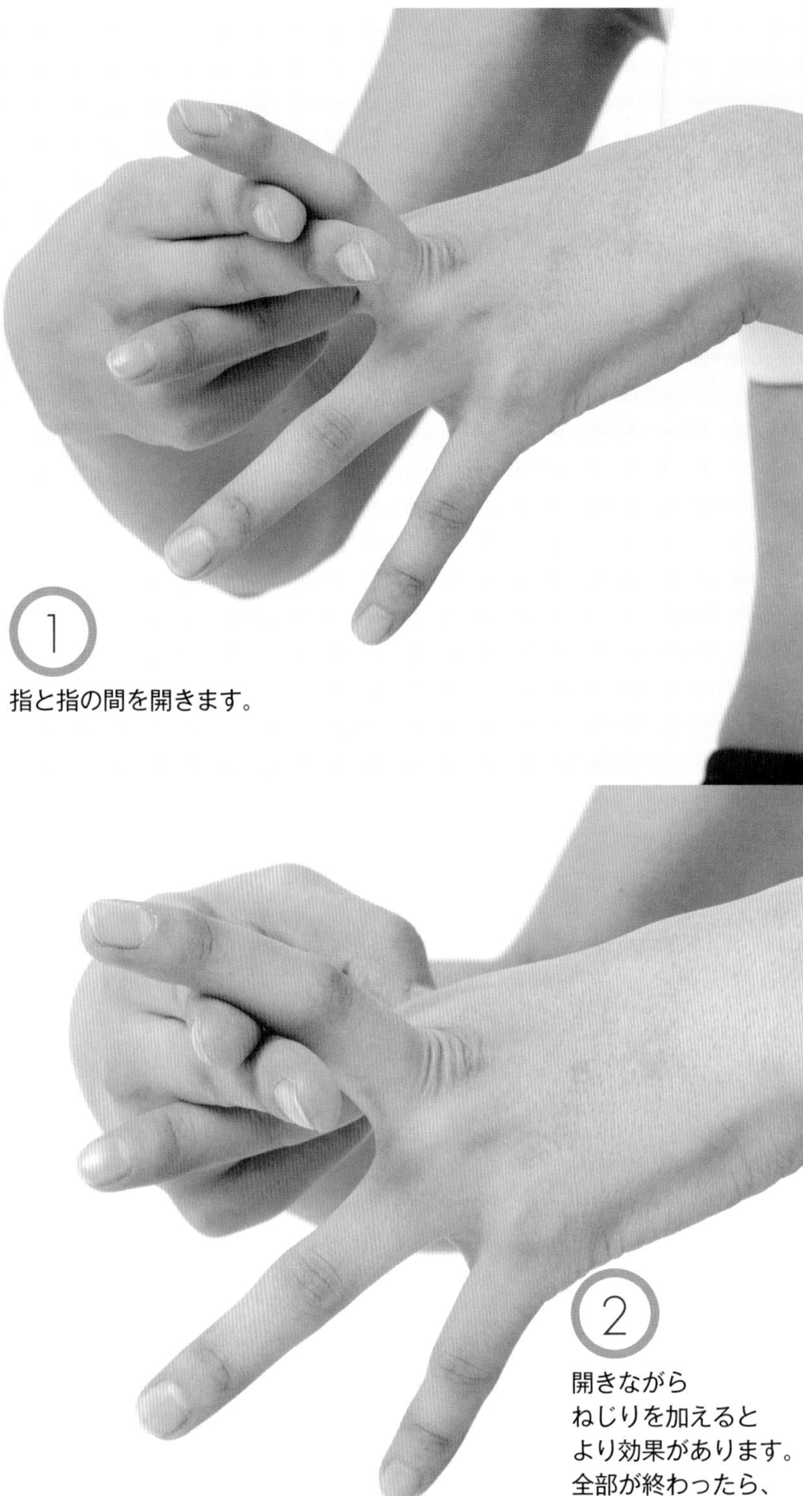

1
指と指の間を開きます。

2
開きながら
ねじりを加えると
より効果があります。
全部が終わったら、
もう片方の手も
同様に行います。

ここがポイント!

ちょっとした隙間時間に行うのがお勧め。退屈な会議中などに机の下でたっぷり時間をかけて。

指
finger

むくみをなくして美しい指先に

指を開くストレッチ2

ここがポイント!

指がやわらかくなり動きがよくなります。指が細くなります。

①

指と指の間に、
もう片方の指、3本を
ゆっくりと入れて
伸ばします。

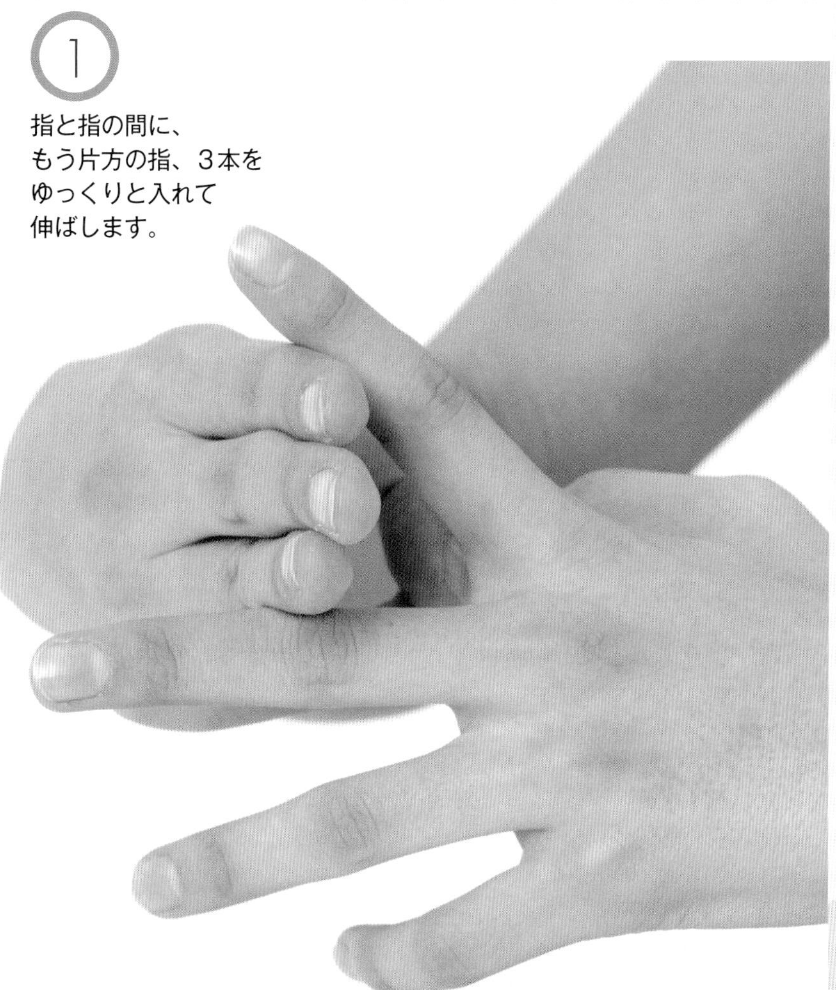

②

各指の間が終わったら、同様にもう片方の手も行います。

手指
finger

前腕と手指のストレッチ

指のストレッチは肩こりにも効果があります

ここがポイント!

指から手首を通って肘(ひじ)までつながっている腱、筋肉を効果的にほぐします。手の疲れの解消、予防に効果があります。

1

手首を曲げ、人差し指を丸めます。

2

右手で内側に
手首ごと丸めるように押します。
他の指も１本ずつ行い、
右手の指も同じように行います。

column

指、手首、腕、肘(ひじ)、肩のトラブルの予防をストレッチで

事務仕事でキーボードを叩く、調理で包丁を使う、野球でボールを投げる、剪定(せんてい)ではさみを使う、介護で移譲を行う、重い荷物の運搬をするなど、手、腕、肩を繰り返し使うことで起こる障害は多いものです。

ばね指、ヘバーデン結節、腱鞘炎(腱(けん)交差症候群(こうさしょうこうぐん)、橈骨茎状突起痛(とうこつけいじょうとっきつう)など)、手首の関節の障害(TFCCなど)、肘関節部の痛み(上腕骨上顆炎(じょうわんこつじょうかえん)など)、五十肩(肩関節周囲炎・腱板炎(けんばんえん)など)などが代表的なものです。これらをストレッチで予防しましょう。

日頃のメンテナンスに、また軽い不調を感じたときに行ってください。常に働いてくれている体に感謝しながら、体の訴えに耳を傾けながら、心地よいストレッチを行って不調を改善しましょう。

痛みが出てからのストレッチは痛む場所は避けてその周囲の硬い部位をストレッチしてください。そのときに痛みが出るようなら絶対にストレッチを行ってはいけません。

歪（ゆが）みをなくし体のバランスを取り戻す
腰と脇（わき）のねじりのストレッチ

①
横向きに寝てください。

②
左膝を前に出し、体を後方にひねります。
体の重さを利用して腰をひねります。

ここがポイント！

腰と背中のストレッチングです。無理せずにゆっくりと行いましょう。膝の位置を変えることにより、ストレッチングされる場所が変わります。
膝を深く曲げて胸の近くに持ってくると腰の下の方がストレッチングされ、膝を伸ばして胸から遠ざけると腰の上の方がストレッチングされます。
リラックスして、腕と足の重さを利用してできるので効果的にストレッチングができます。

3

膝の位置をもっと
胸近くに持っていくと、
背中もひねることが
できます。

体を後方にひねります。
体の重さを利用して腰、背中をひねります。
反対側も同様に行いましょう。

腰横

waist

座って腰横のストレッチ

腰の動きの改善、腰痛予防に効果

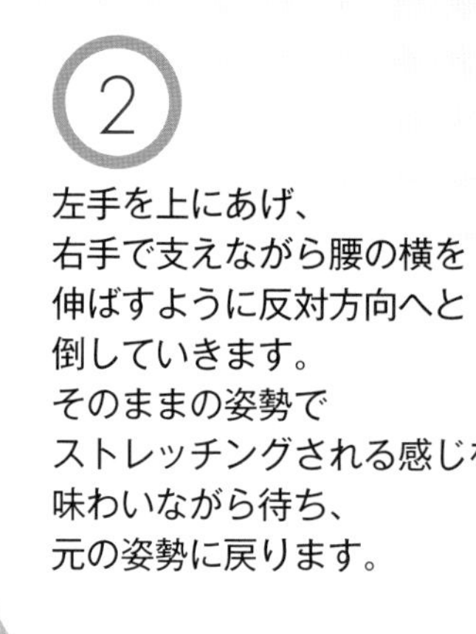

1

横座りで座ります。
手は体の横に置きます。

2

左手を上にあげ、
右手で支えながら腰の横を
伸ばすように反対方向へと
倒していきます。
そのままの姿勢で
ストレッチングされる感じを
味わいながら待ち、
元の姿勢に戻ります。

ここがポイント！

腰の筋肉がほぐれます。
腰の動きの改善、腰痛予防に
効果があります。
腰が軽くなり、
動きがよくなります。

③

次に右手で支えながら
腰の横を伸ばすように
反対方向へと倒し、
体を少し前方にひねりながら
伸ばします。
元の姿勢に戻ります。

④

最後に右手で支えながら
腰の横を伸ばすように
反対方向へと倒し、
体を少し後方にひねりながら
伸ばします。

腰
waist

腰をひねるストレッチ

ウエストをストレッチングして細く見せよう

①
軽く膝を立てて座ります。

②
横に手を置き、
そのまま腰をひねるようにします。
手を置く場所を変えることで、
ひねり伸ばされる部位が
変わります。

ここがポイント!

腰をひねってから、
腰を少し反らしたり、
少し曲げたり、
横に少し曲げたりすると
より効果があります。

腰

waist

腰のストレッチ1

腰を曲げるイメージをして行いましょう

1

足を肩幅よりやや大きく開きます。
膝は緩(ゆる)め座ります。

2

手のひらで
かかとをつかみ、
内側から
腰を丸くするように
体を少しずつ前に
倒しましょう。

ここがポイント!

腰と膝の裏を伸ばします。
腰が伸びるのを
じんわりと感じましょう。
腰に効くように
意識してください。

腰のストレッチ2

繰り返すうちに徐々に曲がるようになる

1
仰向けで寝ます。

2
膝を立てます。

ここがポイント!

一度足を伸ばしてから
また抱えることを繰り返すと、
少しずつ腰が
曲がるようになります。

腰

3

膝を両手で抱え込みます。

4

足を開き、
膝を脇に引きつけます。

お尻のストレッチ1

腰痛ケアに欠かせないお尻のストレッチ

①
片足を曲げて
いすの上に乗せます。

②
上半身をゆっくりと
前に倒していきます。
腰を反らして、
お腹を前に出して
骨盤を前に倒すように
行いましょう。

あぐらがかけない方にお勧めの方法です。膝を曲げる角度を変えるとお尻の伸びる部位が変わります。

お尻
hip

腰痛予防、スタイル良好に
お尻のストレッチ2

1
いすに座り、
伸ばしたい側の足首を
片方側の太ももの前面に
乗せます。

2
そのまま、
上体をゆっくりと
前に倒していきます。
上半身からお尻まで
ひとかたまりにして
前に倒します。

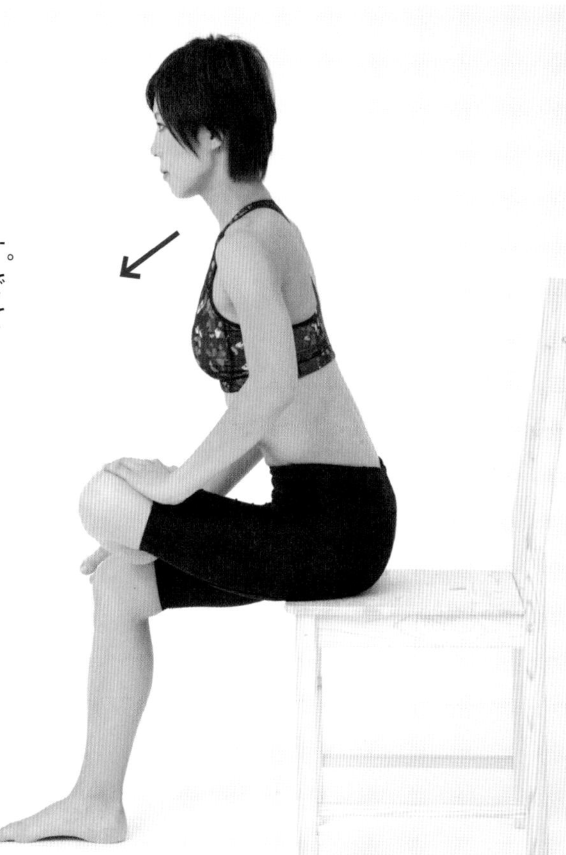

ここがポイント!
上半身を前に倒すときに
腰を曲げないように
注意してください。
お腹を前に出すように行うと
腰を曲げるトリック・モーション
（代償動作）が防げます。

column

腰痛にストレッチは効果があるが、注意して行わねばならないことも

腰痛の原因は80%ほどが原因不明だと世界的な腰痛ガイドライン（治療指針）はいっています。その腰痛の中には腰の筋肉の緊張によるものが多いと推察されます。その筋肉の硬さをストレッチでほぐすと腰痛が改善します。腰部の筋肉の硬いときには、その硬い筋肉がストレッチされると腰が軽くなるのを実感できます。

腰痛には腰部以外が硬いことが原因で起こる腰痛もあります。例えば、股関節や背部の動きの悪さや、腹部の筋肉(腹筋・腸腰筋)や大腿部の筋肉(ハムストリング・大腿四頭筋）が硬いなどのために、腰部が過剰に動かざるを得ず、腰への負担が増えたために腰痛になることもあります。このような腰痛には股関節の柔軟、背部・腹部・大腿部のストレッチを行う必要があります。

しかし、腰をストレッチしてはいけない場合もあります。例えば、腰椎ヘルニアでも腰の筋肉が硬くなりますが、腰を曲げるストレッチを行ってはいけません。前屈すると椎間板がより飛びだしてしまう（これをヘルニアといいます）からです。腰部脊柱管狭窄症では腰を反らせるストレッチを行ってはなりません。脊柱の脊髄（神経の束）を納めている管が狭くなり下肢のしびれが増強してしまいます。

ですから、腰痛改善のストレッチを行うときには、注意深く行わねばなりません。ストレッチを行っているから改善するはずだという思い込みで行わずに、ストレッチを行っているときに心地よいストレッチ感を感じているかに注意して行い、やった後によい変化が起こっているか、翌日の体の状態はどうかなど慎重に体と対話しながら行ってください。ストレッチ後に筋肉痛が出るのはストレッチが強すぎるためです。軽く行いましょう。

第5章

下肢のストレッチ

下肢全体の筋肉が硬い、足がむくむ・冷える、
足が重いなどの症状があるときには
股関節が硬い場合が多く、
股関節のストレッチを行った直後に、
これらの症状が劇的に改善することが多くあります。
膝の痛みは内転筋（ももの内側の筋肉）、
下腿三頭筋（ふくらはぎの筋肉）や
ハムストリング
（大腿二頭筋、半膜様筋、半腿様筋の総称）の
ストレッチで改善できます。
ハムストリングのストレッチで体前屈が改善します。
体前屈で床に手が届かないのは、
腰が硬いわけではなくハムストリングが硬いからで、
このような方は
「クラウチング・スタート・ストレッチ P124」
（本書の特徴である硬い人のためのストレッチ法、
ATM（Anti Trick Motion）ストレッチの技法のひとつ）を試してください。
腰に負担をかけないで効果的なストレッチができます。
下肢の筋肉がやわらかくなれば、ジャンプ力、敏捷性、バランスなどの運動能力が向上しますし、
スポーツ障害の予防に寄与します。腰痛などの予防・改善の効果もあります。
今までのストレッチの方法で効果が出なかった、体の硬い方に効果的なストレッチです。
体と対話しながらゆったりとスレッチの心地よさを味わってください。

股関節
hip joint

かえる足
足の開きをよくする

床に仰向けに寝ます。

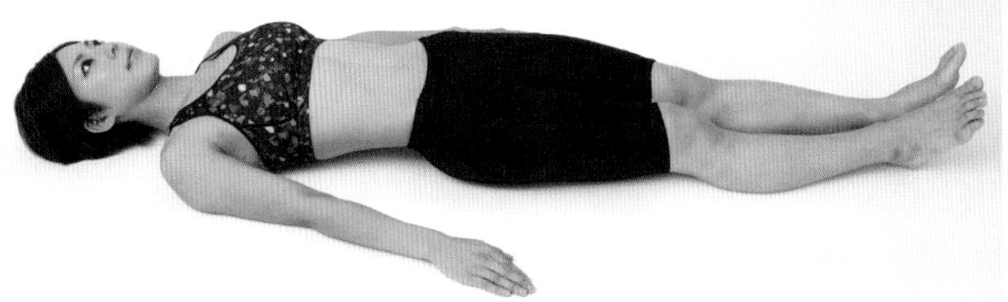

2

両足をかえるのようにします。
膝を曲げ、両足の裏をくっつけた状態で
膝を開きます。

ここがポイント！

足の開きが少ない方の柔軟。
内転筋の硬い方や
股関節の外転外旋制限の
ある方によいと思います。
両足の裏を合わせて、
膝の曲げる角度を変えて、
股の開きの悪いところを探し、
その位置で足の力を抜いて、
足の重さでストレッチされるよう
（受動的）にして待ちます。

股関節
hip joint

股関節をやさしくねじり曲げ

股関節屈曲内旋の柔軟法

1

両膝上をバンドで縛り、
足の間にボールや
タオルの丸めたものなどを
はさみます。

2

膝を胸に引き寄せます。
足の重さで簡単に
股関節の柔軟ができます。

ここがポイント！

股関節の前と横（そけい部）に
力がかかるように膝を
胸に近づけてください。
お尻が床から浮かないように
注意してください。
体の硬い方でも、寝て行うので
楽な状態で柔軟ができます。
ぺったんこ座り（割座）が
できるようになります。
寝て行うので
腰に負担がかかりません。

股関節

hip joint

腰痛予防にも効果あり

股関節（こかんせつ）が曲がりやすくなる柔軟法

①

いすに片足を乗せます。

②

体重をいすの上に乗せた足にかけ、
膝と股関節を曲げていきます。
股関節に力がかかるようにしましょう。

ここがポイント！

股関節の可動域（かどういき）を広げることで下肢（かし）が軽くなり、動きやすくなります。
腰を曲げないように少し反り気味にして、お尻をおろすようにします。
痛みが出ないように少しずつやわらかくすることを目標としましょう。
体育座りが苦手な方は繰り返し行うことで、しゃがみやすくなります。

股関節
hip joint

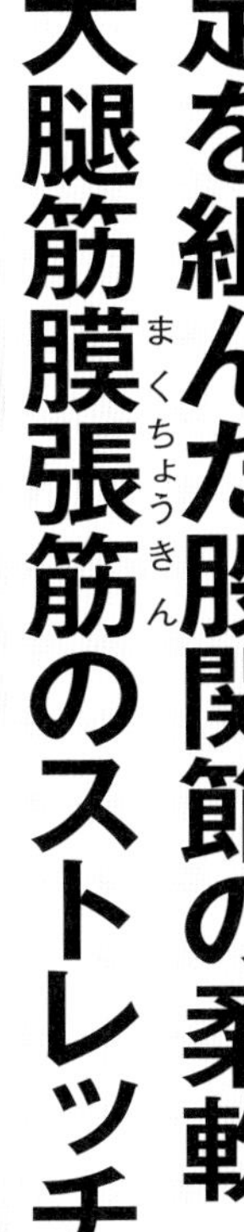

1

仰向けに寝て、両膝を立て、
左足を右足の上にして組みます。

2

足を組んだまま
左に倒します。
反対側も
同様に行いましょう。

ここがポイント!

腰をねじらないように、下肢だけを倒してください。股関節の外側、足のつけ根の外側の部分がストレッチングされます。股関節と大腿筋膜張筋(だいたいきんまくちょうきん)がやわらかくなります。乗馬ズボンタイプの太ももがスッキリしてきます。体の硬い人は足を組むだけでも効果があります。膝を曲げる角度を変えて動きの悪い角度のところで行います。足が組めるようになるストレッチングです。股関節、ももの外側の筋肉をほぐします。

股関節が曲がりやすくなる
屈曲柔軟法

1

いすに浅く座り、
右足を低い台の上に乗せます。
左足はいすの外側で
後方に引きます。

2

腰を曲げないように
反り気味で上体を前に倒して
膝に近づけます。
反対側も同様に行います。
股のつけ根に
力がかかるように行います。

ここがポイント!

腰を曲げないように
体を前に倒してください。
腰を曲げてしまうと
効果がありません。
ヤンキー座りが
楽にできるようになります。
片方の足を後方に引くと
骨盤が前に倒れるので、腰を曲げる
代償動作（トリックモーション）が
起こらずに体の硬い人でも
効果的に柔軟ができます。

股関節
hip joint

靴下がはきにくい、爪が切りにくい方に

股関節の屈曲柔軟法

1

仰向けになり、
両手で右膝を抱えます。
左足は伸ばしておきます。

2

ゆっくり息を吐きながら、
右膝を左肩の方向に引いてきます。
股のつけ根に力がかかるように行います。
反対側も同様に行います。

ここがポイント!

このとき、お尻が浮かないように
反対側の足を
伸ばしておいてください。
足を伸ばしておくことでお尻が動く
トリックモーションを防ぎます。
膝を引いたときに腰が
ねじれないようにしてください。
股関節を屈曲すると
足のつけ根が痛いという方は、
無理をしない範囲で行いましょう。

下肢の血液循環が改善し冷えやむくみに効果あり

いすに座った股関節（こかんせつ）のストレッチ

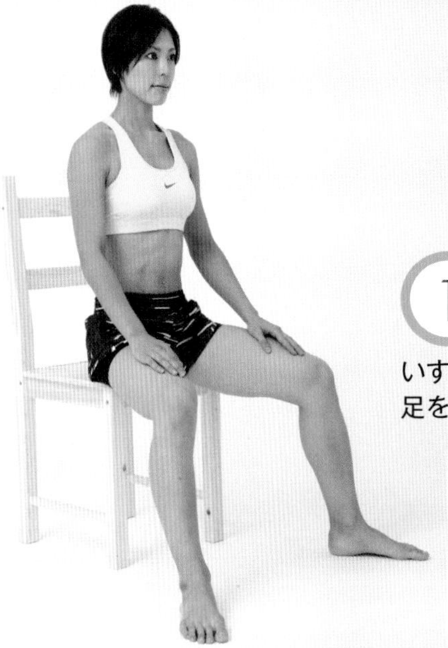

1

いすに座って、
足を軽く開きます。

2

そのまま、
上体を前に倒します。
このとき、
股関節に力が
加わっていることを
意識するように
しましょう。

ここがポイント！

腰を曲げないで、
お腹を前に出すようにして
骨盤を前に倒します。
腰を曲げてはいけません。

痛みの予防にもなる

股関節をひねるストレッチ

①

仰向けに寝て、
右の膝を右手で抱え、
左手でかかとを抱えます。
左足は伸ばしておきます。

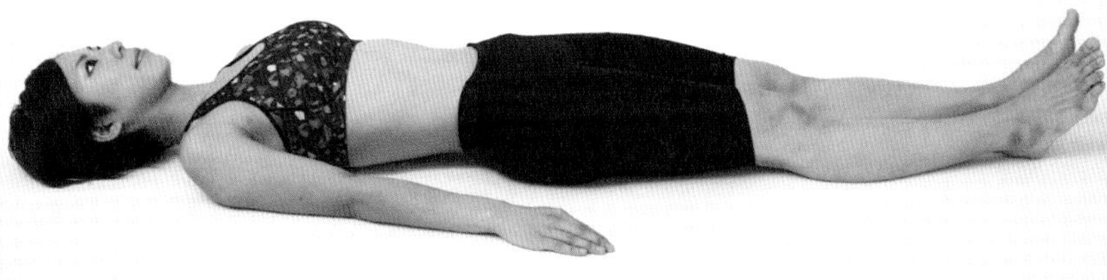

ここがポイント！

お尻を動かさないように行ってください。
膝にねじる力が加わりやすいので膝が弱い方は注意して行ってください。
寝て行うことで体の硬い方でも腰に負担をかけずにストレッチングができます。

②

右のかかとを左肩の方に引き
右膝を足の方向に押して、
股関節外側にひねるように（外旋（がいせん））します。
ももの後ろのつけ根に力がかかるように行います。
反対側も同様に行います。

腰痛改善にもなります

腸腰筋(ちょうようきん)のストレッチ1

①
足を前後に開き、
膝をつきます。

②
足のつけ根（股関節前面）を
前に押し出すようにして
ストレッチングします。
このとき、腰を反らさないように
してください。
この写真ではモデルは
腰を反らしていますが、
反らさないようにしてください。

腰を反らさないで。

ここがポイント！

股関節前面に
引っ張られる感じがしないと
効果がありません。
腰が反りすぎると
腰を痛める原因になってしまうので
注意しましょう。
股関節(こかんせつ)がやわらかくなり
足を後方に引けるようになります。

腸腰筋
iliopsoas muscle

股関節が柔らかになる

腸腰筋のストレッチ2

1
足を前後に開き、
前の足は立膝、
片方の足は後方へ
伸ばします。

2
お尻を下げて
股関節前面を伸ばします。
腰を反らさないようにしましょう。

腰が反るのは代償動作（トリック・モーション）です。
効果がないばかりか、腰痛の原因になりますので、
注意してください。

ここがポイント！

股関節前面に引っ張られる感じがしないと効果がありません。床につく手は片手でもかまいません。足の開き方やお尻の落とし方など工夫してみてください。足が後方に引けるようになります。

腸腰筋

iliopsoas muscle

体幹深部にあるインナーマッスルをほぐす

いすを使った腸腰筋のストレッチ1

1

いすに右足の膝を乗せます。
体の硬い方は
このポーズだけでも。

2

股関節の前側を
腰を反らさないように
してください。
前に押し出すようにして
ストレッチングします。
この写真ではモデルは
腰を反らしていますが、
反らさないように
してください。

ここがポイント!

S型（腰が反り背が丸まる形）のねこ背の原因は腸腰筋が硬いことです。

腸腰筋

iliopsoas muscle

S型（腰が反り背が丸まる形）のねこ背を改善

いすを使った腸腰筋のストレッチ2

ここがポイント！

絶対に腰を反らさないように注意して股関節前面を伸ばしましょう。そけい部にストレッチ感がなければなりません。

1 いすに浅く座り、右側の足を立てます。

2 左足を後方に引き、ストレッチングします。

この写真ではモデルは腰を反らしていますが、反らしてはいけません。

内転筋
adductor muscle

いすでのストレッチ

骨盤、股関節（こかんせつ）を安定させることができます

1
いすに浅く腰かけます。

2
股を開き膝は曲げて
内転筋を緩（ゆる）めます。
腰を曲げずに
骨盤を前に倒しましょう。

ここがポイント！
内転筋群（ないてんきんぐん）（ももの内側の筋肉）は開いた股を閉じる方向に働きます。このストレッチングで股関節が軽く動きやすくなります。

内転筋

adductor muscle

四つんばいで行うストレッチ

腰痛の予防に効果がある内転筋群のストレッチをしよう

① 肩幅に手を開き、四つんばいになります。

② この状態から
お尻を足の方向に下げていきます。
内転筋がストレッチングされたと感じるまで、
足を広げて行いましょう。

ここがポイント！

股関節を開く角度を変えて内転筋群がストレッチングされるようにしましょう。

足の開き、膝の伸びがよくなる
内転筋(ないてんきん)のストレッチ1

1
左足の内転筋の
ストレッチングです。
右膝を曲げ、
内ももにつけます。

2
右側の方に体を傾け
ひねります。
反対側も同様に行います。

ここがポイント!

体を前に倒しひねるときは、
背を丸めないようにして、
内もも(内転筋)が伸びていることを
感じながら行いましょう。
片側ずつ行いますので
体の硬い方でも腰に
負担のかからない状態で
効果的にストレッチングできます。
ハムストリングの半膜様筋(はんまくようきん)、
半腱様筋(はんけんようきん)のストレッチにも
なっています。膝痛の予防になります。

内転筋
adductor muscle

O脚を改善する 内転筋のストレッチ2

1
両足を広めに開き、
低めの台に座ります。
膝は少し曲げてください。

2
腰を曲げないように注意して
（お腹を前に出しながら）体を前に倒します。
ももの内側にストレッチ感が感じられればOKです。
ご自分にあった台の高さ、
足の開きや膝の曲げ方を探して行ってください。

ここがポイント！

足の開きがよくなります。台でなくても座布団、本などを使ってもOKです。内転筋は足を閉じるのが主な働きですから、足を開くことでストレッチすることができます。腰を曲げないで行ってください。体の硬い方が一般的な床に座ってする開脚前屈（かいきゃくぜんくつ）のストレッチングをすると目的の内転筋がストレッチングされず、腰が曲がるトリック・モーション（代償動作）が起こり腰に負担がかかってしまいますので注意しましょう。

4の字ストレッチ

膝が伸びないのは膝が曲がっているということ

①
座って行います。

②
数字の４のように
足を組みます。

③
伸ばした足の膝を
伸ばします。
曲げた足の重みで
伸ばした足の膝が伸びて
ストレッチできます。
反対側も行います。

ここがポイント！
ほぐれてくると
膝が少し反るように
伸びてきます。

股関節

hip joint

股関節が硬くて膝が胸に近づかない
体育座りがきつい方にお勧め

股関節屈曲の柔軟法

1

壁に足裏をつけ両膝をそろえて曲げます。
足の重さで股関節が曲がり、
足のつけ根に力がかかります。
つけ根に力がかからないようでしたら
両手で膝を胸に引き寄せます。
このときにお尻が浮かないように
注意しましょう。

2

股のつけ根に圧迫感が
感じられない場合やうまく膝を
胸に引き寄せられない、
両膝が開いてしまう場合は、
膝が開かないように両膝上をバンドで縛って
1と同じように行います。

ここがポイント！

両膝を縛って行うと柔軟がしやすくなります。足の重さで柔軟ができ無理のない状態で行えます。体と壁の距離や足を壁につける位置を変えて股関節に効く位置を探してください。体の硬い方でも、寝て行うので腰に負担がかからず、足の重さで伸ばされるので、楽な状態で柔軟ができます。

内転筋

adductor muscle

内転筋(ないてんきん)が硬い人向けのストレッチ

壁を使ったストレッチ1

ここがポイント!

内転筋が硬い人が簡単に行えるストレッチングです。膝を曲げて行ってもかまいません。膝を伸ばして行うとハムストリングのストレッチングにもなります。膝痛の予防にも効果があります。

①
壁の近くに仰向けに寝て、
足を開きます。

②
このとき必ずしもお尻を壁につけなくてもいいです。
足を少しだけ開きます。

③

もう少し広げてみましょう。
また、左右対称にやる必要は
ありませんので、左右の開く角度、
膝を曲げる角度が
異なってだいじょうぶです。

④

力は抜いて重力にまかせます。
かかとはつけたままです。

内転筋
adductor muscle

股関節の開きをスムーズにする
内転筋のストレッチ3

①
左足のストレッチングです。
両手と右膝を床につけ、
左足を横に伸ばします。
お尻は床から浮いています。

②
お尻を下げていきます。
左足の内ももにストレッチ感があればＯＫです。
反対側も同じように伸ばします。

ここがポイント！
体重をうまく使うと内転筋がほぐせます。
腰を曲げずにできるので腰を痛める心配がありません。

ハムストリング
hamstring

ハムストリングが硬い人にお勧め

壁を使ったストレッチ2

①

壁に向かって足を上げ膝を曲げておきます。
膝が伸びる限り、無理をせず壁につけるように伸ばします。

ここがポイント!

床に腰がついているので腰に負担をかけないでハムストリングを伸ばせます。

ハムストリング

hamstring

クラウチング・スタート・ストレッチ

ハムストリング　クラウチング・スタート・ストレッチ
体前屈が硬い人のハムストリングのストレッチ

ここがポイント！

立位体前屈体（腰を前に曲げる）で指先が着かない原因の多くは、腰が硬いのではなくもも後ろの筋肉（ハムストリング）が硬いためです。ハムストリングを効率的にストレッチします。従来のような腰に負担をかけるリスクが少なく安全にストレッチができます。

1

短距離走の「位置について」の姿勢を取り、膝と胸を近づけます。手は肩幅よりもやや広めにつき、足を前後に開きます。

2

「よーい」の姿勢になるようにお尻を上げていきます。このときに膝と胸をなるべく離さないようにして下さい。前方に出した足のももの後ろ（赤線の部分）が心地よく引っ張られる感覚があればストレッチは成功です。

ハムストリング
hamstring

いすを使ったクラウチング・スタート・ストレッチ

ハムストリング クラウチング・スタート・ストレッチが楽に行えます

ここがポイント!

クラウチング・スタート・ストレッチの変法です。ももの後ろに心地よい引っ張られ感が出たら、そのままの姿勢で筋肉がほぐれるのを待ちます。胸と膝を離さないように行ってください。

1

いすや台を使って行う
ハムストリングの
ストレッチングです。

いすの上に乗せた
足の膝
(写真では左膝)に
左手を乗せます。
右手で背もたれを
つかみます。
台などで
背もたれがない場合には
両手を台に乗せた
足の膝に乗せます。

2

片方の足をいすや台の上に乗せ、
膝を曲げた状態にします。
膝に胸を近づけます。
このときに腰を丸めず
背を伸ばして行います。
膝と胸を離さないように
お尻を後方に引きます。
赤線の部分がストレッチされます。

3

腰を曲げないように
体を前に倒し、
ももにお腹を近づけます。
足の位置をずらさずに
お尻を後方に引いて
膝を伸ばしていきます。

片膝立ちでのクラウチング・スタート・ストレッチ

ハムストリング　クラウチング・スタート・ストレッチが楽に行えます

①
片膝立ちで行います。
腰を丸めないように
背を伸ばして体を前に倒し
胸と膝を近づけます。

②
右手は床に左手はすねの下方に触れ、胸と膝を近づけたまま、
体をお尻の方に移動します。

ここがポイント！

クラウチング・スタート・ストレッチの変法です。
腰を丸めないで
胸と膝が離れないように
注意して行いましょう。
前に出した足（写真では左足）のももの後ろがストレッチされます。

クラウチング・スタート・ストレッチは体の硬い人のためのストレッチです

ハムストリングを、体の硬い方のために開発した、安全で効果的にストレッチする方法が「クラウチング・スタート・ストレッチ」です。

以前、行われていた立位体前屈でのストレッチや足を前に出して座って体を前に倒すストレッチ（後ろから背中を押してもらっていた）は体の硬い方が行うと、ストレッチの効果がないばかりか、腰に負担をかけてしまうストレッチ法でした。ハムストリング（つまり膝も）を伸ばしておいてから体前屈すると腰に力がかかりよくないのです。

そこで考案されたのが「ジャックナイフ・ストレッチ」です。これはしゃがみこんで両手首で両足首を握ってお尻を上げるストレッチです。膝を曲げてハムストリングを緩めた状態で腰を曲げておき膝を伸ばしてハムストリングをストレッチしますので腰に負担が少ない優れた方法ですが、左右両方のハムストリングを同時にストレッチするので体の硬い方には問題が起こりやすいのです。

私の考案した「クラウチング・スタート・ストレッチ」は片足ずつストレッチができるので、腰への負担を少なくして、より安全にストレッチを行える方法です。

3

前に出してある足のももの後ろがストレッチされます。

大腿四頭筋

quadriceps femoris

大腿四頭筋を伸ばして足をきれいに

ソファで行うストレッチ

①

右の大腿四頭筋
ストレッチングの方法から
説明します。
右足を折り、
左足を立てて座ります。

②

そのまま体を
後ろに倒していきます。

ここがポイント！

腰を反らさないように
腰を曲げながら
骨盤を後ろに倒します。

③

ももの前側に
心地よい引っ張られ感が出たら、
そのままの姿勢で
筋肉がほぐれるのを待ちます。
反対側も同様に行いましょう。

大腿四頭筋

quadriceps femoris

運動前の故障予防のほか疲労回復にも効果的

座位でのストレッチ1

①
膝を曲げて座ります。
左側のももの
ストレッチです。

②
右手は体を支えながら、
左手で左足首を持ち
伸ばします。

ここがポイント!

太もも(大腿四頭筋)のストレッチは、疲労などで筋肉が硬くなりやすい膝の周囲や、太ももを柔軟にします。この筋肉は一番強力な筋肉なので、日常よく使う筋肉で、疲労がたまりやすいのです。

③

腰が反らないように注意して、
骨盤と腰を一緒に左後方に傾けていきます。
無理に体を後ろに倒さず
ももの前側に
心地よい引っ張られ感が出たら、
そのままの姿勢で
ゆっくりと呼吸をしながら
筋肉がほぐれるのを待ちます。

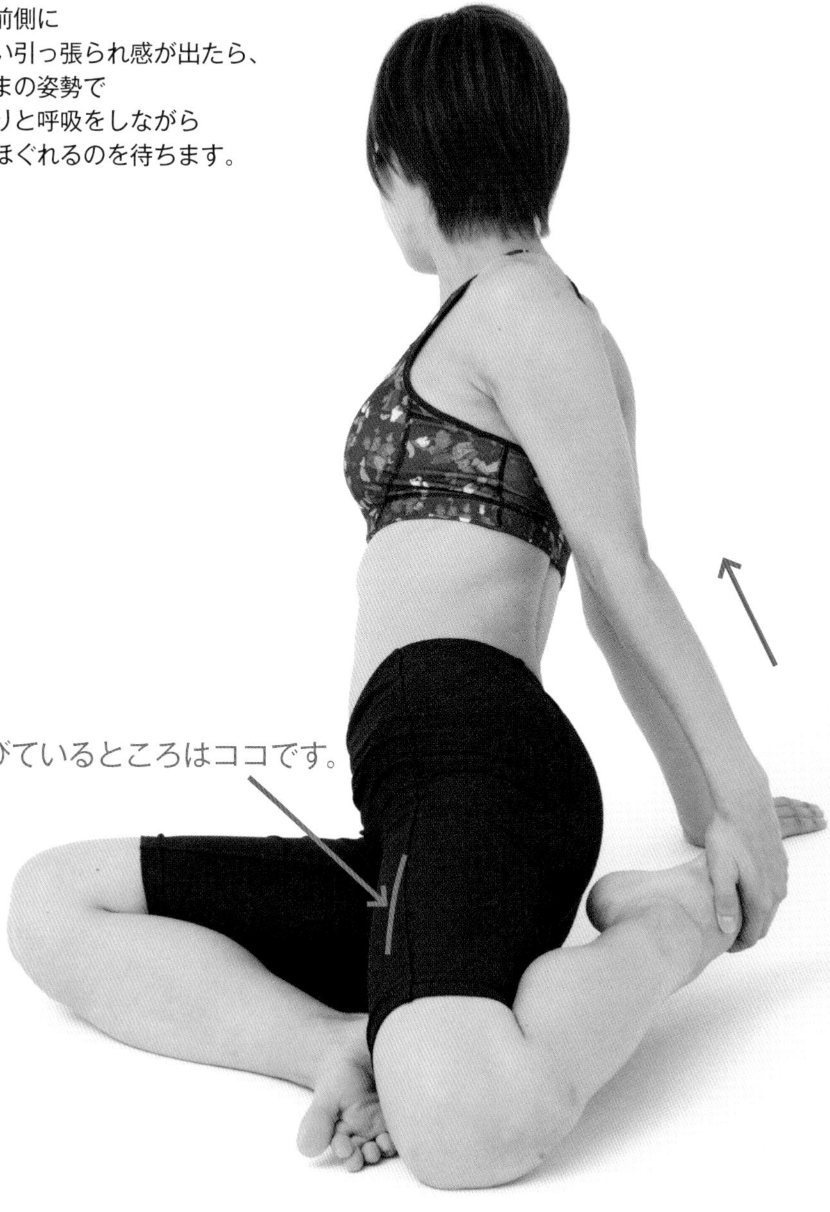

伸びているところはココです。

大腿四頭筋
quadriceps femoris

座位でのストレッチ2

太ももは疲れや冷えがたまりやすいところ

1

右膝を立て、
左膝を曲げて座ります。

2

腰が反らないように注意して、
骨盤と腰を一緒に後方に傾けていきます。
無理に体を後ろに倒さずももの前側に
心地よい引っ張られ感が出たら、
そのままの姿勢でゆっくりと
呼吸しながら筋肉がほぐれるのを待ちます。

太ももは、疲れや冷えがたまりやすく、膝とも深い関係がある筋肉です。たくさん歩いたとき、立ちっぱなしだったときは、必ず行ってください。ただし、腰を反らせて傷めないように注意しましょう。

大腿四頭筋

quadriceps femoris

寝て行うストレッチ

大腿四頭筋を伸ばすストレッチングで足がきれいに

1

横に寝て、両膝を曲げます。

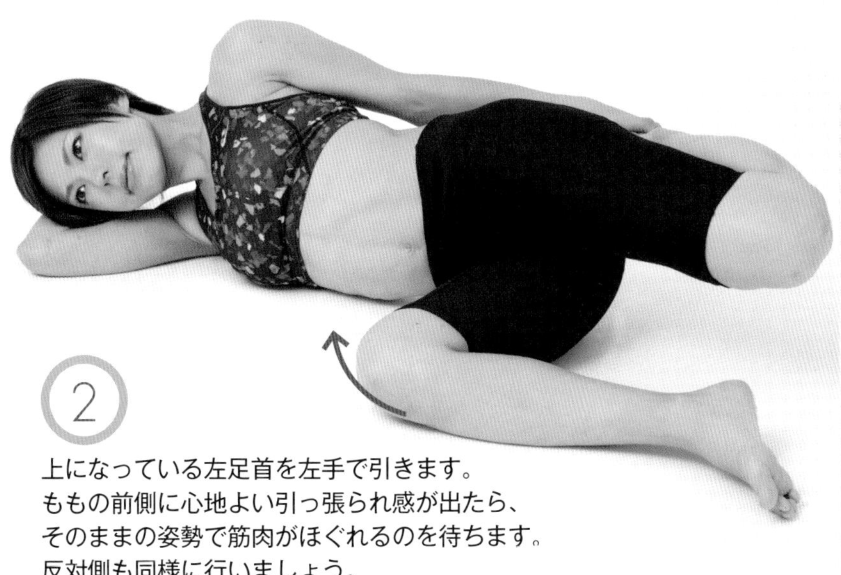

2

上になっている左足首を左手で引きます。
ももの前側に心地よい引っ張られ感が出たら、
そのままの姿勢で筋肉がほぐれるのを待ちます。
反対側も同様に行いましょう。

ここがポイント!

下側の膝を曲げて腹に近づけておくのは腰を反らせないようにするためです。

大腿
四頭筋

quadriceps
femoris

立位でのストレッチ

胸を張らずに腰の反るのを防いで、ストレッチング

1

いすの上に
左膝を乗せ、
左手で
左足首を持ちます。

2

体を起こします。
体の硬い方は膝を座面の前に、
体の柔らかい方は
膝を座面の後ろの方に置きます。

ここがポイント!

膝を座面につけるのは腰の反るのを防ぐためです。膝を固定して、ももが後ろへ行くのを防ぎ、体の硬い人の腰が反るトリック・モーション（代償動作）を防ぎます。

アキレス腱 足首

Achilles tendon ankle

足の疲れ、だるさ、むくみ、冷え性に
アキレス腱ストレッチ・足首の柔軟

1

正座の状態から
左足だけを立てます。

2

立てた膝を手で前に押しながら
上体を前に倒していきます。
足首の前側に圧迫感が感じられるか、
またはアキレス腱に
ストレッチ感が出ます。
反対の足も同様に行います。

ここがポイント!

ストレッチングするときに
つま先と膝の方向が
そろっていなければなりません。
アキレス腱が硬いと
足首には効きません。
やっていくうちにアキレス腱が
やわらかくなると足首の前に
圧迫感を感じるようになります。

アキレス腱
下腿三頭筋

Achilles tendon
triceps surae muscle

ケガや使いすぎによる障害の予防に

下腿三頭筋(かたいさんとうきん)・アキレス腱(けん)伸ばし

1

両足を前後に軽く開き、
上半身をできるだけ
まっすぐに保ちます。
左足の足先で本または
低い台を踏みます。

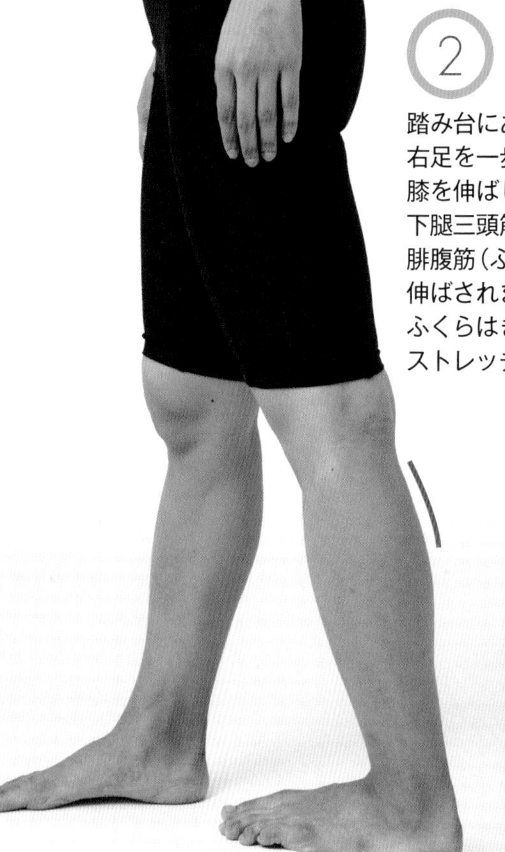

2

踏み台にある足はそのままで、
右足を一歩踏み出します。
膝を伸ばして行います。
下腿三頭筋のうち主に
腓腹筋(ふくらはぎの表面の筋肉)が
伸ばされます。
ふくらはぎの膝に近いところに
ストレッチ感が出ます。

ここがポイント!

下腿三頭筋はアキレス腱につながっています。
下腿三頭筋のうちの腓腹筋(ひふくきん)は膝の上まで達しているので膝を伸ばしてストレッチングします。ヒラメ筋は膝を曲げてストレッチングします。
一般に行われている伸ばす足を後方に引いて行うストレッチングは硬い人の場合に足先を外に向けたり、腰を曲げてしまったりする代償動作(だいしょうどうさ)(トリックモーション)が起こり、うまくストレッチングできない場合があります。
このストレッチングは体の硬い方でもトリックモーションを防ぎ効果的にストレッチングできます。

3

後ろ側の膝を軽く曲げます。
下腿三頭筋のうち
主にヒラメ筋
（ふくらはぎの奥の筋肉）が
伸ばされます。
ふくらはぎのアキレス腱に
近いところに
ストレッチ感が出ます。

4

さらに深く膝を曲げます。
アキレス腱に
ストレッチ感が出るか、
または足首の前側に
圧迫感が出ます。
足を入れ替えて
同じ要領で行います。

アキレス腱
下腿三頭筋

Achilles tendon
triceps surae muscle

下半身がだるいときに

階段や段差を使ったアキレス腱(けん)ストレッチ

ここがポイント!

ちょっとした高さのある段を探してかかとを伸ばすストレッチングです。段がないときは階段などを利用してみましょう。痛みや違和感を感じたら中止してください。

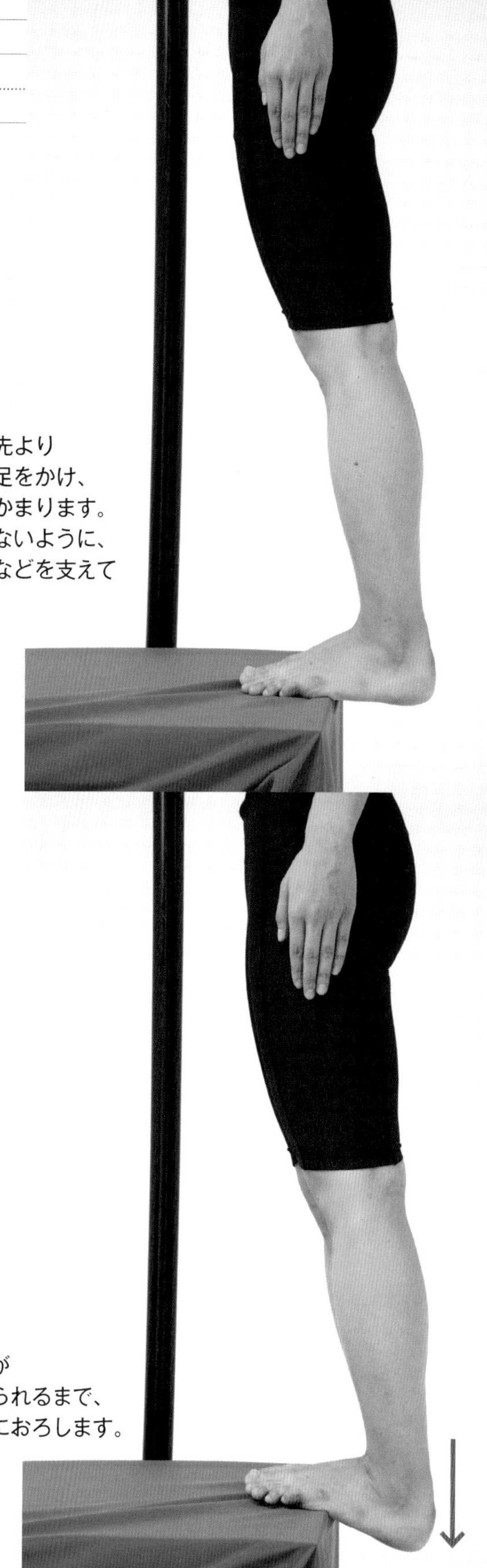

①
段差の端に
両足のつま先より
少し深めに足をかけ、
手すりにつかまります。
後ろに倒れないように、
必ず手で壁などを支えて
行うこと。

②
ふくらはぎが
十分引っ張られるまで、
かかとを下におろします。

3

両足でやって
ふくらはぎのストレッチ感が
弱い場合は片足で行います。
片膝を曲げ片足で立ちます。
ふくらはぎが
十分引っ張られるまで、
かかとを下におろします。

アキレス腱
Achilles tendon

下腿三頭筋・アキレス腱(けん)のストレッチ

ふくらはぎ・アキレス腱が特に硬い方にお勧め

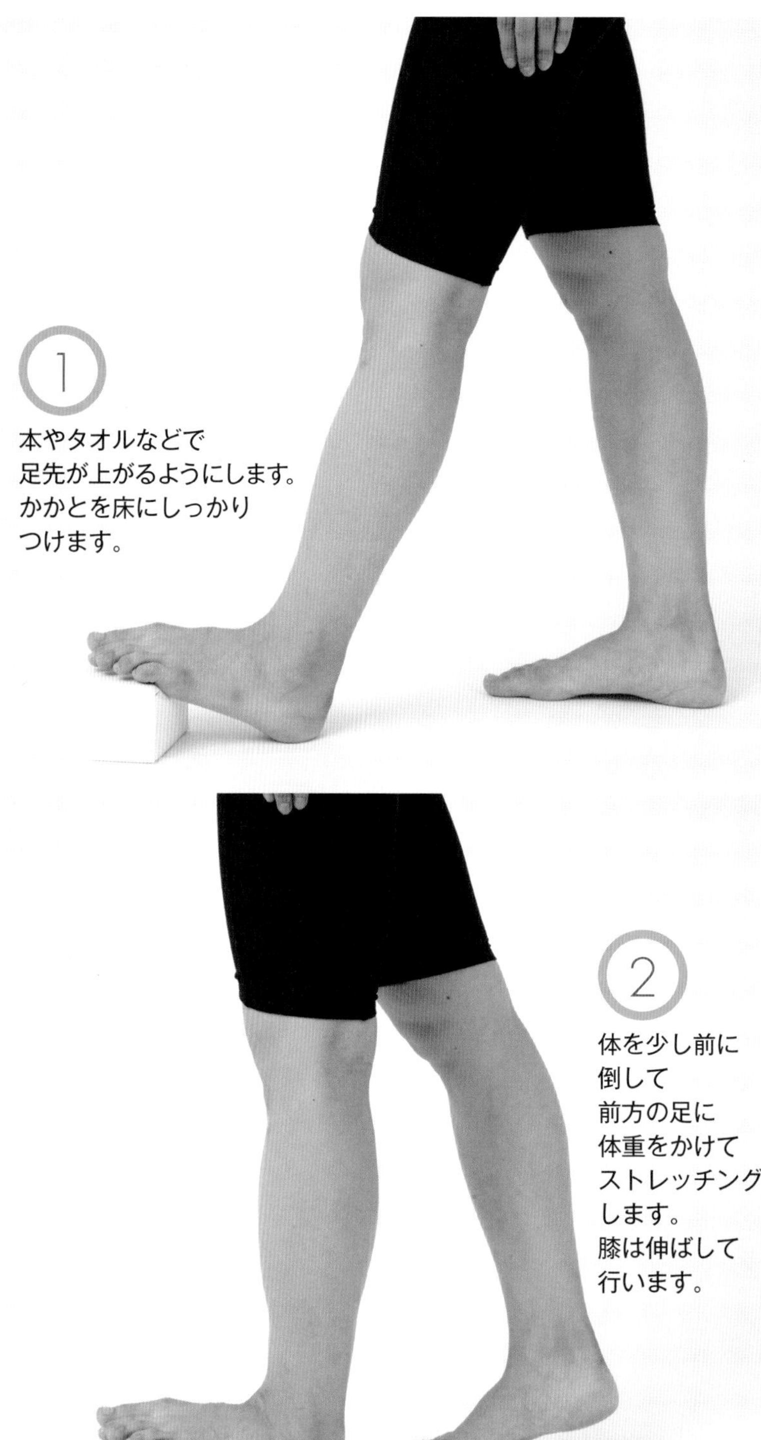

①
本やタオルなどで
足先が上がるようにします。
かかとを床にしっかり
つけます。

②
体を少し前に
倒して
前方の足に
体重をかけて
ストレッチング
します。
膝は伸ばして
行います。

ここがポイント!

一般的なふくらはぎのストレッチングでは後方に引いて行いますが、ストレッチングをする足を硬い方はつま先が外側に向いたり、お尻をひねったりするトリックモーションが起こります。このストレッチングはそれを防ぎます。

アキレス腱

Achilles tendon

ふくらはぎの疲れにも効くストレッチング

ヒラメ筋・アキレス腱のストレッチ

ここがポイント！

下腿三頭筋（かたいさんとうきん）（ふくらはぎ）がアキレス腱につながっています。
膝を曲げると
下腿三頭筋のひとつである
ヒラメ筋のみがストレッチングされ、
膝を伸ばして行うと
ふくらはぎ全体が
ストレッチされます。

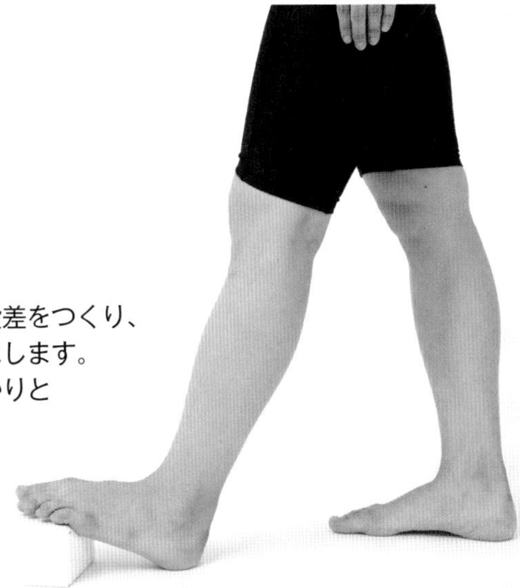

1

本やタオルなどで段差をつくり、
足先が上がるようにします。
かかとを床にしっかりと
つけます。

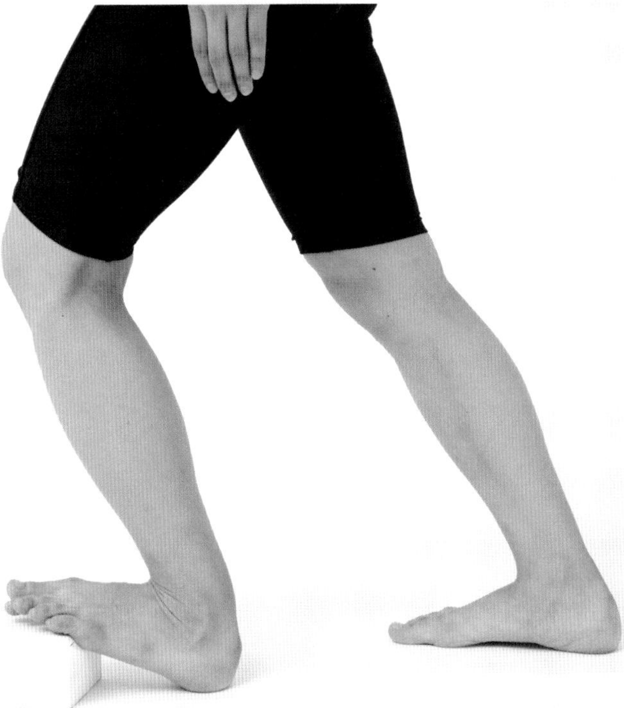

2

踏んでいる方の足の膝を軽く曲げながら、
かかとは床につけたまま
膝を前に出していき、
ヒラメ筋・アキレス腱を伸ばします。

アキレス腱
下腿三頭筋

Achilles tendon
triceps surae muscle

下腿三頭筋・アキレス腱を効率よく伸ばす

階段や段差を使ったアキレス腱PNFストレッチ

ここがポイント!

PNFとは「proprioceptive neuromuscular facilitating」の略で固有受容性神経筋促通法という意味です。筋肉はいったん収縮させてからストレッチングすると伸びやすくなるので、つま先立ちで筋肉を収縮させてからストレッチングします。片足だけでもやってみてください。

段差の端に両足のつま先より
少し深めに足をかけ、手すりにつかまります。
後ろに倒れないように、
必ず手で壁などを支えて行うこと。

2

つま先立ちになります。
数秒間静止します。
つまりふくらはぎを
数秒間収縮させます。

3

数秒間収縮させた後、
ふくらはぎが
十分引っ張られるまで、
かかとを下におろします。

足指
toe

正座で足指ストレッチ

足のだるさ、足先の冷え性解消にも

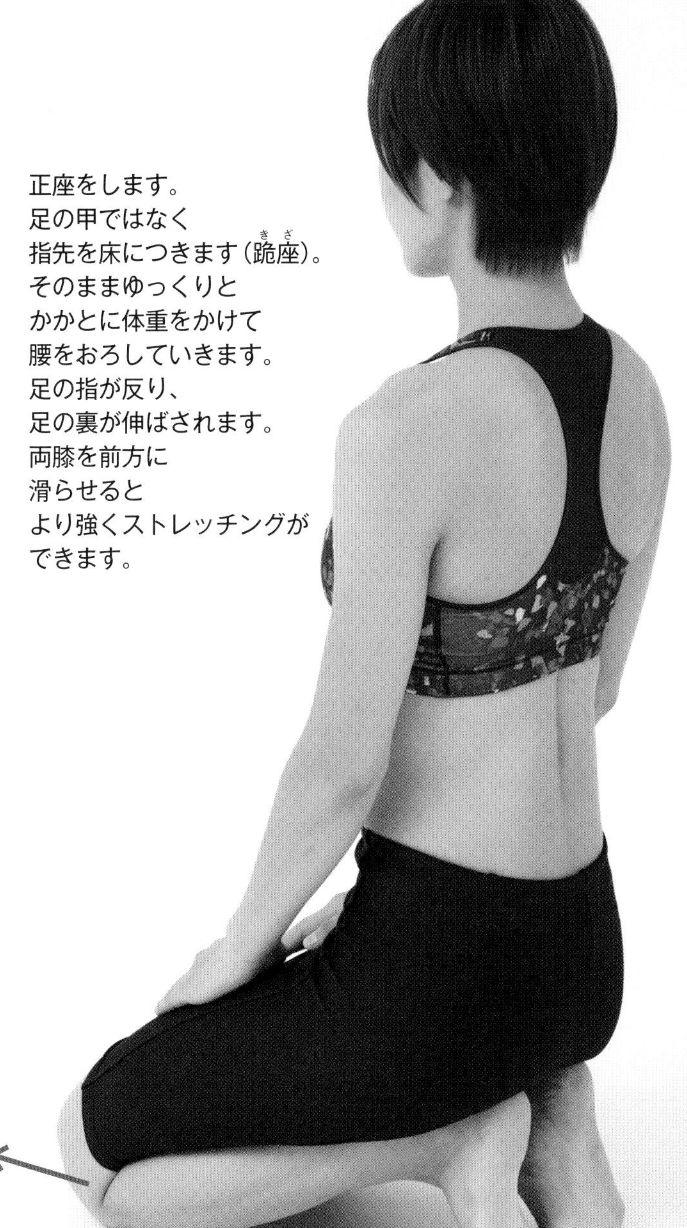

正座をします。
足の甲ではなく
指先を床につきます（跪座）。
そのままゆっくりと
かかとに体重をかけて
腰をおろしていきます。
足の指が反り、
足の裏が伸ばされます。
両膝を前方に
滑らせると
より強くストレッチングが
できます。

ここがポイント！

足の指と足底筋膜（足の指のつけ根からかかとまで）が伸ばされます。
このストレッチングで足の指の動きがよくなり、足の指に力が入りやすくなります。

足指

toe

寝る前に行うと足先がポカポカに

足指のストレッチ1

①

いすに座って、
左足の指の背の部分を
床に押しつけるようにして、
足の甲を前側に押し出すように
ストレッチングします。

足の指が床に当たって痛いときは、
タオルなどを敷いてください。

②

左足の指の腹の部分を
床に押しつけるようにして、
足の指を反らすように
ストレッチングします。

歩行には本来は足の指が地面をつかむように動くのですが、最近はべた足・浮き指で歩く方が多いようです。そのために足の指の力が弱く、外反拇趾（がいはんぼし）、巻き爪やかかと痛で悩まれる方が増えたようです。足の指が動くようになると膝や腰への負担も軽減されていきます。

③

左足の指の背の部分を
床に押しつけるようにして、
足の指を曲げるように
ストレッチングします。
バレエのつま先で立つ
ポアントのように。

足指

toe

足指のストレッチ2

足指をほぐし緩(ゆる)めましょう

1

足の指の間を開きます。

2

親指と人差し指の
間だけでなく、
人差し指と中指の間、
中指と薬指の間、
薬指と小指の間と
丁寧に開きます。
横に開くだけでなく、
斜めに引っ張るのも
効果的です。

3

足の指を曲げます。
指だけでなく
甲も足首も
伸ばしながら行います。

ここがポイント!

足の指を1本ずつ丁寧(ていねい)に
ストレッチングしましょう。
足が軽くなり、
指の動きがスムーズになります。

column

ふくらはぎがつる、足がむくむ、アキレス腱の痛み、ふくらはぎの肉離れ・アキレス腱断裂の予防に

ふくらはぎや足の裏の筋肉が突然けいれんを起こし、強い痛みを伴う「こむら返り」。寝返りを打った瞬間、急にふくらはぎ（＝こむら）の筋肉がつって、その痛さで目を覚ましてしまったことがありませんか。ふくらはぎの筋肉は下腿三頭筋といって腓腹筋とヒラメ筋とアキレス腱でできています。スポーツや立ち仕事などの疲労、水分不足、寒冷などが、この「こむら返り」を起こす大きな要因となります。また、糖尿病や肝疾患のある人、高齢者や妊婦などにも起きやすいので、足の筋肉を使いすぎたときは、眠る前に十分、アキレス腱をストレッチングしておきましょう。

また、この筋肉は下肢の循環を助けるポンプの役割も担っていて、この筋肉が弱かったり硬かったりするとむくみを起こしますし、足の冷えの原因にもなります。

ふくらはぎがつったりするとき、アキレス腱の痛みの予防、肉離れ・アキレス腱断裂の予防をするには、アキレス腱、下腿三頭筋のストレッチングのほか、ハムストリングもあわせてやるとより効果が上がります。

第6章

コンプレッション・ストレッチ

伸ばす筋肉に板状のゴムで圧迫を加えながら行うストレッチングを
コンプレッション・ストレッチといいます。
ここでは、トレーニング・バンドを使用して行う
ストレッチングをご紹介します。
トレーニング・バンドは適当で、均等に圧迫力が加わるので効果てきめんです。
バンドは負荷強度の弱めのものを選んでください。

コンプレッション・ストレッチ

ストレッチングがより強く楽に行えて効果も持続

皮膚、腱、筋などを圧迫することでより強いストレッチを安全に行える

ストレッチングを行うときにストレッチングしたい筋に弾力のある板状のゴム（＝トレーニング・バンド）を巻き、その部分を圧迫して行うストレッチング法です。皮膚、腱、筋を圧迫することにより、ストレッチング時の引っ張られ感が減少し、より強いストレッチングを安全に行える方法で、即効的に筋緊張が緩むのがわかります。

トレーニング・バンドを使用する以前は弾力包帯を用いていましたが、圧迫力が弱く、均等に圧迫しにくいなどの問題があり、なかなか効果が上がりませんでした。トレーニング・バンドは適度の圧迫力があり、均等に圧迫力が加わるので、コンプレッション・ストレッチに適しています。

トレーニング・バンドをストレッチしたい筋に巻きつけ圧迫を加えながらストレッチングを行うと、巻きつけずに行う方法に比べて、ストレッチ中の引っ張られ感や痛みが軽くなり、より強いストレッチングを行うことができます。巻いておくだけでも筋緊張が緩む効果が見られますが、ストレッチングを行うと効果が強くなり、短時間であらわれ、効果の持続時間も長くなります。

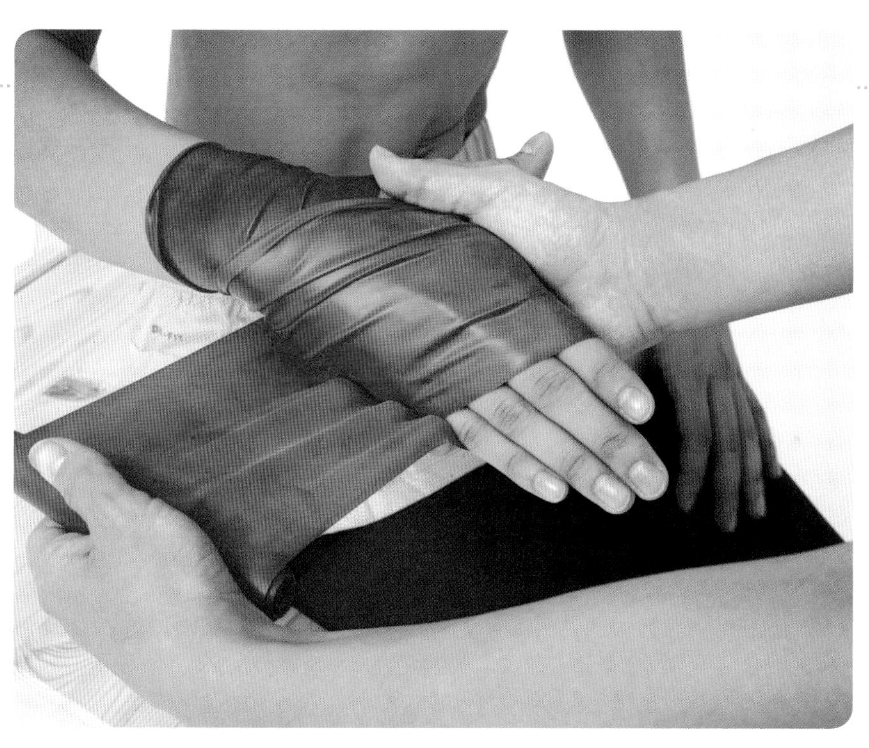

たとえば下腿三頭筋(ふくらはぎ)のストレッチングでは巻かないで行ったときよりも、ふくらはぎの引っ張られ感は軽くなり、足関節の背屈の角度がより大きくストレッチングを行えます。つまり体をより前に倒すことが可能になります。

また、片側にトレーニング・バンドを巻き、ストレッチングを行って左右を比較してみると、ストレッチ中の引っ張られ感やストレッチング後の効果の差が確実にわかります。

筋緊張の興奮刺激に対して筋および腱への圧迫刺激が抑制的に働くのだろうと推測しています。腱では腱紡錘に興奮性の、筋では筋紡錘に抑制性の刺激となるのかもしれません。皮膚への圧迫刺激が痛覚の抑制に働く作用も加わるのだろうと考えます。また圧反射は発汗などの作用に変化をもたらす。つまり自律神経に影響を及ぼす報告もありますから、その作用も考えられます。皮下結合組織への刺激も関与している可能性もありますが、まだまだ仮説の域を出ていません。

トレーニング・バンドの巻き方と注意

皮膚の全てに圧迫刺激が加わるように巻くこと

肌に直接巻くと傷める心配があるので、薄い着衣の上に巻く方がよいでしょう

コンプレッション・ストレッチの効果を出すためにはストレッチングする筋、腱及びその周囲の皮膚の全てに圧迫刺激が加わるように巻かなければなりません。つまりストレッチしたい筋に続いている腱やその部分の皮膚を包み込み圧迫するように、トレーニング・バンドを巻く必要があります。

ストレッチングしたい筋の付着部を越えて、末梢（手先側・足先側）から巻き始めます。巻き始めはトレーニング・バンドの端を出して巻くと楽に巻けます。

筋全体を包み、他方の付着部を越えて中

ここではセラバンドを使っています

セラバンドはトレーニング・バンドの商品名で、強度は色で分けられています。上肢には黄、赤、下肢には青、緑を使いますが、個人差がありますので、最初は強度の弱いセラバンドで試し、自分に合った強度のものを使うようにしてください。

長さは2mのものを使いますが、使用する場所（大腿部）や体格などで3mほどの長さが必要な場合もあります。セラバンドの端を強く引っ張ると破れる恐れがありますので注意が必要です。

枢まで巻きます。間が空かないように、少し強めに圧迫を加えて巻くのがコツです。

最後の1周は緩く巻き、はさみ込んで留めます。はずすときのために端を少し出しておきます。肌に直接巻くと皮膚を傷める心配がありますので、薄い着衣の上に巻く方がよいでしょう。血圧の上昇などの危険を避けるため、左右同時に行わずに片方ずつ行ってください。

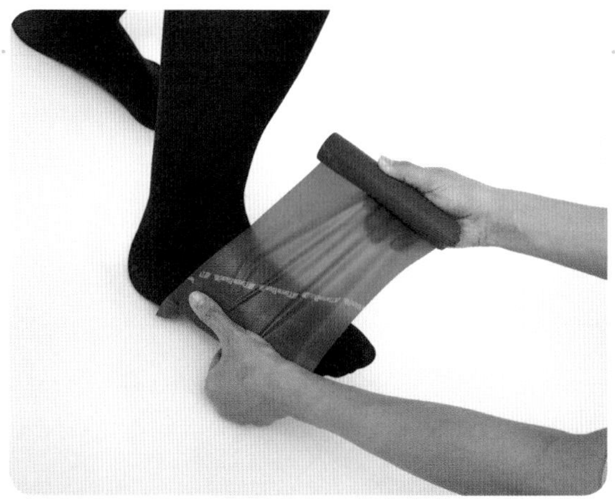

トレーニング・バンドの巻き方の注意

初めは弱めに巻いて試してみてください。
慣れてきたら徐々に強めにしてみましょう。
しびれや痛みが出るようなら
直ちに中止してください。
また巻いている時間は短時間にし、
2～3分以内にとどめましょう。

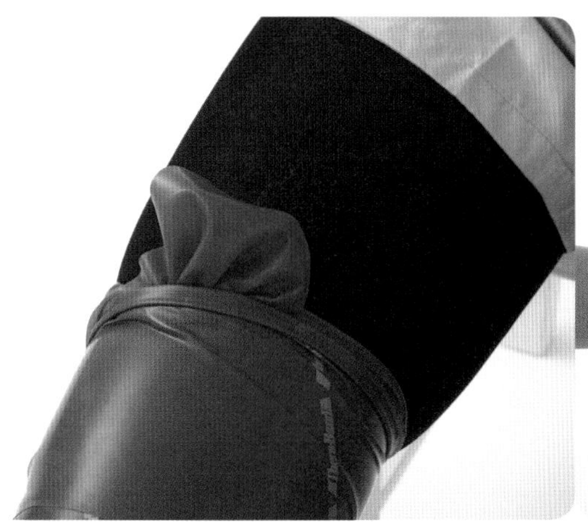

圧迫の強さは心地よく感じる強さで

圧迫力は強いと効果が出ないばかりか、
痛みを生ずる危険があります。
心地よく感じる強さを基本とします。
かえって弱いくらいの圧迫力の方が
効果が出る場合があります。

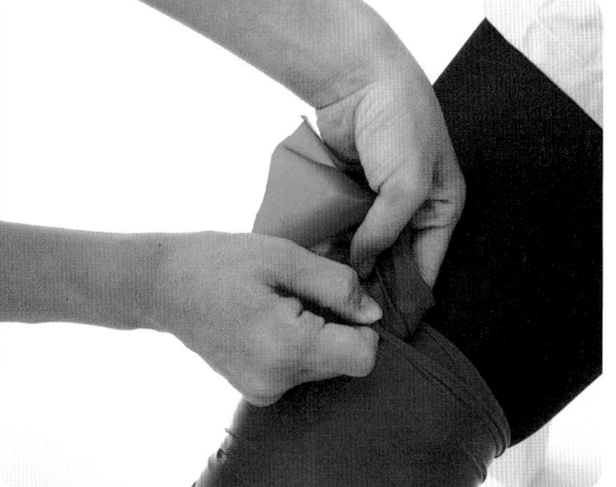

均等の圧迫が大切

コンプレッション・ストレッチの
効果を出すには均等な圧迫力で
トレーニング・バンドを巻くことが大切です。
皮膚や筋肉への均等な圧迫力が
筋肉の緊張を緩める反射を起こします。

太ももから足までを圧迫しながら行う

下腿三頭筋(かたいさんとうきん)のコンプレッション・ストレッチ

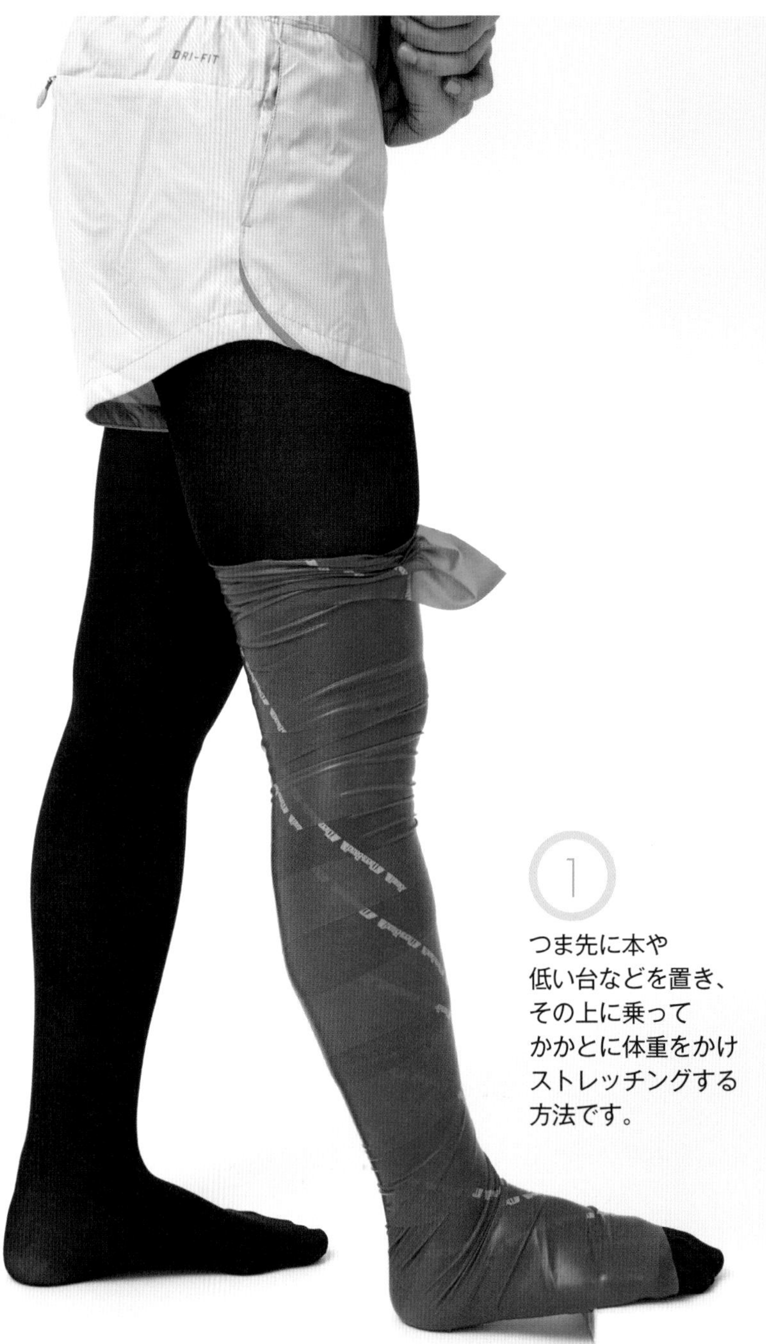

1

つま先に本や
低い台などを置き、
その上に乗って
かかとに体重をかけ
ストレッチングする
方法です。

2

膝を伸ばせば
ふくらはぎの上部に効き、
膝を曲げるとふくらはぎの
下部に効きます。
呼吸を止めずに、
心地よい引っ張られ感を感じながら
30秒間ストレッチングをします。
同じ場所を2〜3回繰り返して
行います。

ここがポイント！

下腿三頭筋のコンプレッション・ストレッチではトレーニング・バンドを足部の中央から大腿部（だいたいぶ）中央まで巻きます。これは下腿三頭筋が膝上からふくらはぎ、アキレス腱を経てかかとの骨につながっているから、その全てを圧迫するためです。

太ももから膝下までを圧迫しながら行う

大腿部のコンプレッション・ストレッチ

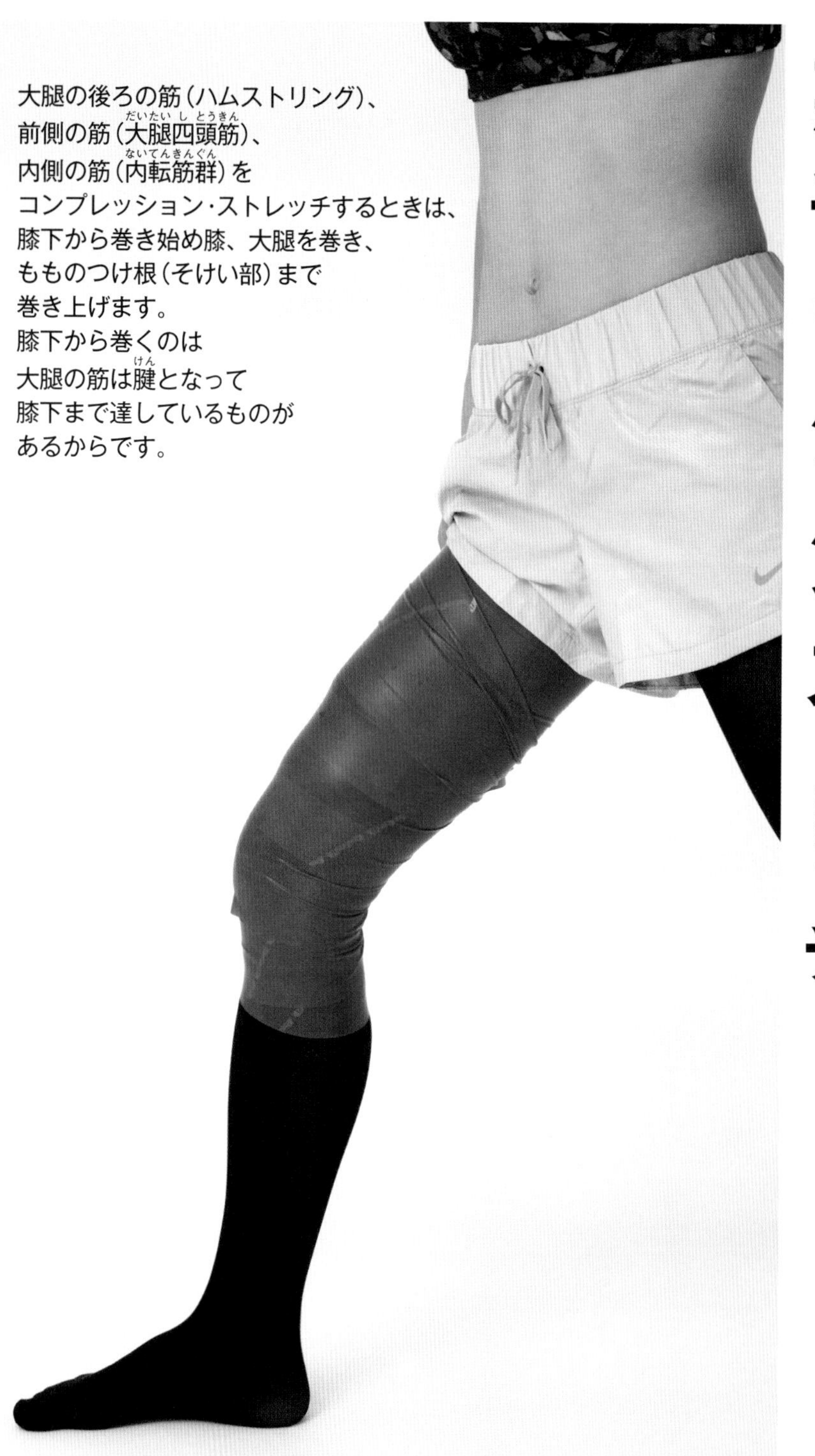

大腿の後ろの筋（ハムストリング）、
前側の筋（大腿四頭筋）、
内側の筋（内転筋群）を
コンプレッション・ストレッチするときは、
膝下から巻き始め膝、大腿を巻き、
もものつけ根（そけい部）まで
巻き上げます。
膝下から巻くのは
大腿の筋は腱となって
膝下まで達しているものが
あるからです。

1

クラウチング・スタートの
ポジションを取ります。

2

胸と膝を
離さないようにして
お尻を上げていきます。
太ももの裏側の筋肉が
伸びているのを
感じてください。
もう片方もバンドを
巻いて同様に
行いましょう。

前腕のコンプレッション・ストレッチ

前腕の筋のコンプレッション・ストレッチでは
トレーニング・バンドを手部の中央から上腕部中央まで巻きます。
これは前腕の筋が手から前腕、肘を経て上腕部につながっているので、
その全てを圧迫するためです。
ストレッチングは一般的な方法で行います。
つまり呼吸を止めずに、心地よい引っ張られ感を感じながら
30秒間ストレッチングをします。2～3回繰り返して行います。

いすに座り、
手のひらを
後ろにつきます。

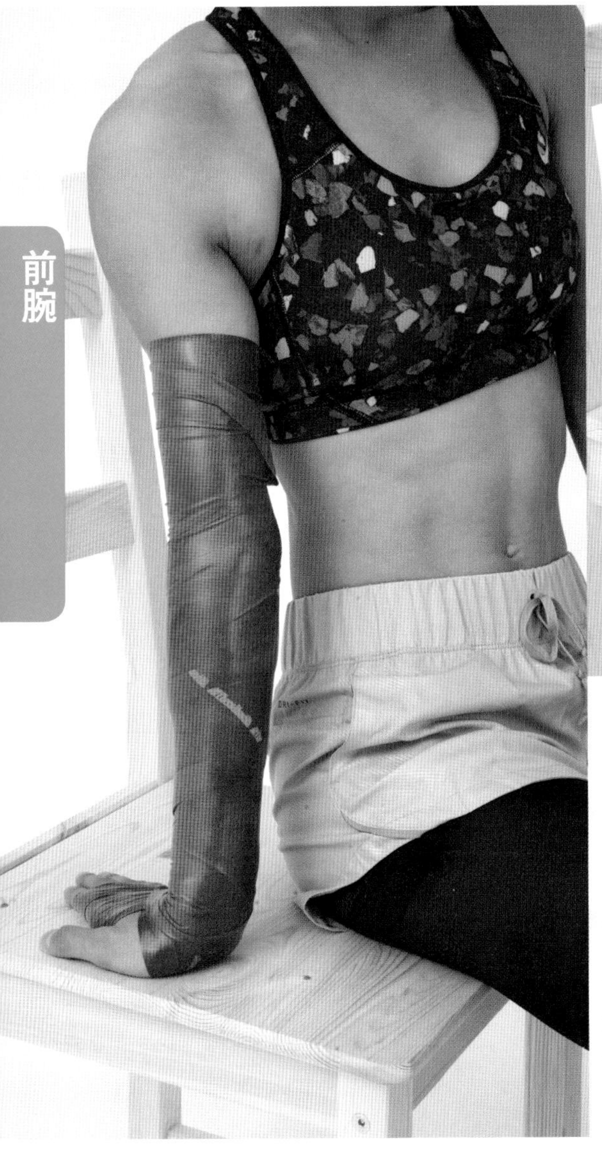

2

手先はできるだけ自分の方に
向けるようにし（できる範囲で）、
体を後ろに倒します。
これは前腕の手のひら側の筋の
ストレッチングです。

腕を圧迫しながら行う

上腕三頭筋、上腕二頭筋のコンプレッション・ストレッチ

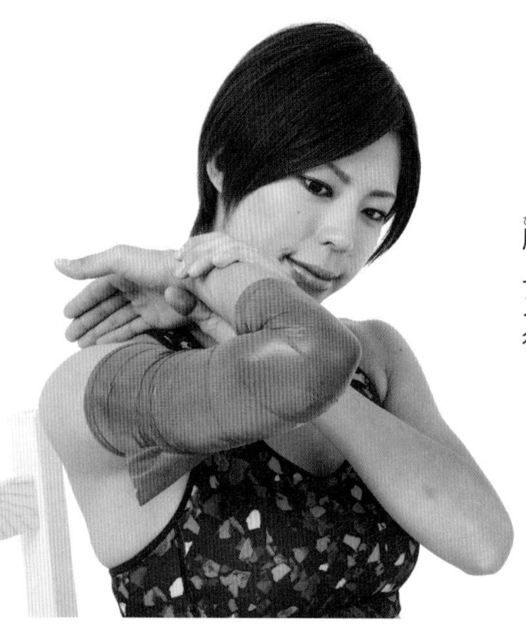

肘を曲げて
上腕三頭筋の
ストレッチングを
行います。

上腕三頭筋、上腕二頭筋の
コンプレッション・ストレッチでは
トレーニング・バンドを前腕中央から脇のつけ根まで巻きます。
これは上腕二頭筋が肘関節下まできていて、
上腕三頭筋は肘頭まできているので、
その全てを圧迫するためです。

ストレッチングは
一般的な方法で行います。
つまり呼吸を止めずに、
心地よい引っ張られ感を感じながら
30秒間ストレッチングをします。
同じ場所を２～３回繰り返して行います。
関節に巻くことで
筋肉の痛みが軽くなります。

肘を伸ばして
上腕二頭筋の
ストレッチングを
行います。

監修者紹介

原 幸夫（はら・ゆきお）

骨折・脱臼・捻挫・打撲・挫傷などの外傷、スポーツ障害などの治療を行っている。
特にアキレス腱断裂保存歩行療法（固定直後から歩行し４週間の固定で治す画期的な治療）の治療総数は340人（2023年3月現在）に及ぶ。
アスレチック・トレーナーとしてスポーツ障害の予防活動を行ってきた。
これらの経験と自分自身の体の硬さが本書を書くきっかけになった。猫背の治療・指導を行っている。
読売カルチャーセンターなどで講師を務め、フジTV「とくダネ！」に出演も。猫背に関する本を多数出版している。
アメリカの整体（カイロプラクティック）の技術で腰痛をはじめ全身の不調を治療している。
現在は社会病ともいえるスマホの使用による身体の不調の治療にも取り組んでいる。

いいだ整骨院・鍼灸院／いいだカイロプラクティック
ホームページ　http://panda.sunnyday.jp/

●監修者のブログ
パンダのつぶやきカッパのぼやき　http://tsubuyaki.panda.sunnyday.jp/

●著書
『ねこ背がスッキリ治る本』（中経の文庫・中経出版）
『ねこ背をぐんぐん治す！200%の基本ワザ』（日東書院）

編集協力／ファーザーアンドマザー & フロッシュ
カバー・本文デザイン／菅沼 画
写真／長谷川朝美
モデル／園部美津子（BRAFT）
ヘアメイク／池田 梓（オフィス イマージュ）
校閲／校正舎楷の木
編集担当／横塚利秋

「硬い体が驚くほどやわらかくなるストレッチ 改訂版」

2023年7月20日　初版第1刷発行

監修者　原 幸夫
発行者　廣瀬和二
発行所　株式会社日東書院本社
〒113-0033　東京都文京区本郷1-33-13　春日町ビル5階
TEL：03-5931-5930（代表）
FAX：03-6386-3087（販売部）
URL：http//www.TG-NET.co.jp

印刷・製本所／図書印刷株式会社

本書は「硬い体が驚くほどやわらかくなるストレッチ」（日東書院本社）を2023年の情報にあわせて再編集したものです。